# Crescer na mudança

**Dados Internacionais de Catalogação na Publicação (CIP)**
**(Câmara Brasileira do Livro, SP, Brasil)**

Grün, Anselm

Crescer na mudança : como podemos nos tornar mais livres, mais autênticos, mais serenos e mais esperançosos / Anselm Grün ; tradução de Milton Camargo Mota – Petrópolis, RJ : Vozes, 2024.

Título original: Im Wandel wachsen
Bibliografia.
ISBN 978-85-326-6705-2

1. Amadurecimento 2. Crescimento espiritual 3. Crescimento pessoal 4. Cristianismo 5. Mudança de comportamento 6. Transformação pessoal I. Mota, Milton Camargo. II. Título.

23-169583 CDD-248.4

Índices para catálogo sistemático:

1. Crescimento pessoal : Vida espiritual 248.4

Eliane de Freitas Leite – Bibliotecária – CRB-8/8415

# Anselm Grün

# Crescer na mudança

Como podemos nos tornar mais livres, mais autênticos, mais serenos e mais esperançosos

Tradução de Milton Camargo Mota

EDITORA VOZES
Petrópolis

© 2022 Verlag Herder GmbH, Freiburg im Breisgau.

Tradução do original em alemão intitulado *Im Wandel wachsen. Wie wir freier, authentischer, gelassener und hoffnungsvoller werden können* editado por Rudolf Walter.

Direitos de publicação em língua portuguesa – Brasil:
2024, Editora Vozes Ltda.
Rua Frei Luís, 100
25689-900 Petrópolis, RJ
www.vozes.com.br
Brasil

Todos os direitos reservados. Nenhuma parte desta obra poderá ser reproduzida ou transmitida por qualquer forma e/ou quaisquer meios (eletrônico ou mecânico, incluindo fotocópia e gravação) ou arquivada em qualquer sistema ou banco de dados sem permissão escrita da editora.

**CONSELHO EDITORIAL**

**Diretor**
Volney J. Berkenbrock

**Editores**
Aline dos Santos Carneiro
Edrian Josué Pasini
Marilac Loraine Oleniki
Welder Lancieri Marchini

**Conselheiros**
Elói Dionísio Piva
Francisco Morás
Gilberto Gonçalves Garcia
Ludovico Garmus
Teobaldo Heidemann

**Secretário executivo**
Leonardo A.R.T. dos Santos

*Diagramação*: Littera Comunicação e Design
*Revisão gráfica*: Alessandra Karl
*Capa*: Rafael Bersi

ISBN 978-85-326-6705-2 (Brasil)
ISBN 978-3-451-00788-0 (Alemanha)

Este livro foi composto e impresso pela Editora Vozes Ltda.

# Sumário

*Introdução*, 9
    Crescer na mudança: a lei fundamental da vida, 9
    Nenhum mecanismo, 13
    A dupla face da transformação, 15
    Gestão de mudança, 16
    Obstáculos no caminho, 17
    Deixar as coisas acontecerem e enfrentar os desafios, 19
    Do que se trata, 21

1 Caminhos do amadurecimento e dores do crescimento, 23
    Vida nova: Gravidez e nascimento, 25
    Desenvolvimento: infância e adolescência, 30
    Distanciando-se dos pais, 33
    Escolha da parceira, do parceiro: trilhar um caminho comum, 37
    Aceitar a paternidade e, ainda assim, soltar os filhos, 40
    Sozinhos de novo: Quando os filhos estão fora de casa, 44
    A experiência da meia-idade, 48
    Quando os pais envelhecem, 51
    No fim da vida profissional, 56
    Envelhecer e ser idoso, 60
    Nossa própria morte como passagem, 66

2  Moldando o que nos acontece: desafios pessoais e sociais, 71

    Solidão – sem parceira, sem parceiro, sem filhos, 73
    Eu sou diferente de todos, 76
    Excluídos – estranheza e identidade, 79
    Ruptura de relacionamentos – perda de confiança, 83
    Lidar com a culpa, 89
    Estresse causado por mudanças de local e de casa, 94
    Atravessar uma doença grave, 98
    Separações – divórcios, 102
    Experiências chocantes que mudam tudo, 107
    Diante dos destroços da vida, 111
    No meio da vida – a morte, 116
    Passar por momentos de escuridão espiritual, 124
    O mundo e minha pátria estão mudando, 131
    Nada é mais como era – nem mesmo na Igreja, 135

3  O que oferece amparo e permite o crescimento interior, 141
   Tudo tem o seu tempo – conscientemente ao longo do ano, 143
   Vivenciar cada dia com plena atenção, 147
   Permanecer em movimento – para que algo seja posto em movimento, 150
   Contra a corrente – viver de maneira resistente, 153
   Aceitar e reconhecer a realidade com serenidade, 156
   Transformar energias destrutivas, 160
   Solução a partir de simbioses – Passos em direção à autonomia, 163
   Ousar decisões – liberar-se de bloqueios, 166
   Esperança: Decidir-se pela confiança, 170
   Ser aberto um para o outro: Crescer no tu, 174
   Recuo: Pausar e buscar o silêncio, 176
   Procurar consolo e oferecer consolo, 178
   Processar o que é doentio, 181
   Experiência de Deus e individuação, 184
   "Transformação" espiritual e nosso cotidiano, 188
   Imagens arquetípicas – Potenciais de transformação, 191

*Posfácio* – Transformação: Pedras de tropeço se tornam pedras de construção, 195
   O caminho para o verdadeiro eu – em contato com o ser, 196
   Autêntico e sereno, 197
   Transformação, esperança e confiança, 198

*Referências*, 201

# *Introdução*

Crescer na mudança: a lei fundamental da vida

Crescer é uma lei fundamental da vida. Esta lei fundamental se aplica aos seres humanos, mas também aos animais e às plantas. Esta lei do crescimento também inclui a lei da morte – na natureza ao nosso redor como também em nós, seres humanos. As plantas florescem na primavera, crescem e murcham, as árvores perdem as folhas. No inverno tudo parece estar morto. Mas a cada primavera cresce uma nova vida. Nós humanos também nascemos, envelhecemos e morremos. Crescer e morrer faz parte de qualquer vida. E só quando nos entregamos a esta lei fundamental da vida é que nos tornamos verdadeiramente humanos, vivemos como Deus quis que vivêssemos. Johann Wolfgang Goethe formulou esta lei de crescimento e morte no poema *Anelo abençoado*:

> Se não tens isso,
> Isto: Morre e torna-te!
> És apenas um turvo convidado
> Na sombria terra.

Segundo Goethe, só é digno de viver nesta terra como ser humano quem afirma esta lei da ligação entre crescer e morrer. Ou seja, quem afirma essa integração na natureza e em sua própria finitude. Qualquer um que resista a isso é apenas um turvo convidado na terra sombria: sua vida está escurecida. Não é uma vida real.

O filósofo grego Heráclito cunhou a expressão: *"Panta rhei"* – "Tudo flui". E sobre nossa vida ele diz: "Nunca pisamos no mesmo rio duas vezes". Ainda que percebamos a dinâmica da mudança das condições de vida no presente como particularmente impressionante, a vida é e sempre foi crescimento e mudança. A vida humana também se encontra em fluxo constante. Todo rio corre numa direção, ou deságua no mar ou deságua em outro rio. E tem de superar obstáculos pelo caminho. Às vezes ele precisa se espremer através de um vale estreito. Rochas se põem em seu caminho. Mas ele flui contornando tudo. Nossa vida humana também é marcada por muitos obstáculos. Fala-se também da "torrente da mudança". O que está em nossa frente pode atrapalhar e dificultar nosso caminho para a mudança. Mas também pode ser uma oportunidade para nossa transformação. Tal como o rio que corre ao redor da rocha, subitamente furioso e espumante, os obstáculos em nosso caminho também podem nos desafiar a encontrar novas possibilidades e descobrir uma nova vitalidade dentro de nós mesmos.

Fatores imponderáveis fazem parte da vida: ao longo da vida, desde a juventude à velhice. A vida é imprevisível, incontrolável, mas evolui. Quem só tem medo dela se atrofia. Mesmo aqueles que, na sua insegurança, se apegam apenas a normas e regulamentos, a dinheiro ou seguros, perdem a vitalidade, não conseguem mudar. Por isso, o importante é não trocar precipitadamente a insegurança por certezas externas, mas sim aceitá-la. Isso é mais fácil de fazer quando nos sentimos profundamente apoiados e temos confiança. Muitas pessoas passam pela seguinte experiência: são justamente as situações dolorosas – como doença súbita, falência financeira ou rompimento de uma parceria – que podem levar a uma mudança intensa e a um novo "espaço feliz" (Rilke).

Se perguntarmos com mais precisão o que é a essência da vida, começaremos a gaguejar. Se nos referirmos à nossa tradição religiosa para responder a esta pergunta, poderemos dizer que a Bíblia relaciona a vida com o sopro de vida que Deus sopra nos seres humanos. O Evangelho de João faz referência à vida eterna. Os gregos distinguem entre *"bios"*, vida biológica, e *"zoe"*, qualidade de vida, vida plena, real. Quando João fala da vida eterna, ele quer dizer que há vida em nós que não será destruída nem pela morte. Ele vê a vida como algo espiritual. Quem ouve as palavras de Jesus e as põe em prática já passou da morte para a vida (cf. Jo 5,24).

A filosofia da vida (antes e depois de 1900) compreendia a vida como "élan" vital em contraste com os conceitos e termos racionais com os quais o restante da filosofia trabalhava, e enfatizava o devir e a totalidade, a criatividade e as possibilidades de configuração. O teólogo Karl Rahner vê a vida e a morte tanto como evento, quanto como ato do ser humano. Assim, só podemos compreender a vida em sua polaridade: ela nos acontece, e também nós a configuramos. Às vezes padecemos a vida que nos é pré-dada. Por outro lado, também podemos moldar o que nos é pré-dado. Para que isso tenha sucesso, você também precisa de vontade e capacidade de tomar decisões. Nos *Sonetos a Orfeu*, Rilke deu a um poema o título *Wolle die Wandlung* (Deseja a mudança). Nela ele enaltece a vivacidade do espírito planejador como o fogo do desenvolvimento interior, e vê na decisão de mudança uma alternativa ao torpor e à morte: "O que se fecha no persistir já está petrificado; sente-se seguro sob o refúgio do cinza opaco?" E o poeta vê a mudança como pré-requisito para uma vida feliz: "Todo espaço feliz é filho ou neto da separação, que eles atravessam maravilhados".

A condição humana significa transformação interior

O crescer está ligado à constante mudança. Não há crescimento sem mudança. Para nós humanos, porém, não se trata apenas daquela mudança associada ao processo natural de crescimento, mas também da transformação interior. O psicanalista e psicólogo profundo C.G. Jung enfatiza repetidamente que a pessoa que não muda permanece paralisada interiormente. Quem, na velhice, permanece criança ou o eterno jovem, está falsificando sua natureza humana. O ser humano se transforma de criança em jovem, de jovem em adulto, e finalmente passa à velhice. A pessoa que concorda com essa mudança interior vive de acordo com sua essência. É claro que essas mudanças costumam ser um processo doloroso. Pode ser doloroso fazer a transição de criança para adolescente. E nem sempre é fácil passar de um adulto, que pega tudo nas mãos e o molda ativamente, a um idoso que deve deixar acontecer o que acontece. A mudança muitas vezes ocorre por meio de crises: é um caminho de experiências pelas quais passamos e que devem ser sempre novamente integradas ao decurso da vida. Nossa vida é um processo no qual não apenas fins e começos sempre se interligam de novo. Existem também pontos de ruptura e fases de crise e transformação, que estão associados a conflitos – internos e externos –, ao medo ou a esperanças. Com a decisão por uma determinada vida profissional ou por um parceiro específico, muitas coisas mudam e algo diferente começa. Com o nascimento de um filho, uma fase da vida dos pais termina e algo novo tem início. A paternidade não termina quando os filhos se separam dos pais. Relacionamentos mudam, mas também paralisam. Quando, por exemplo, uma doença grave nos põe à prova, ou crises são vividas no contexto de uma decisão, quando decisões têm de ser tomadas na meia-idade ou ao final da vida, e também independentemente de nos focarmos na vida do indivíduo ou nos desenvolvimentos na Igreja e na sociedade: a vida em transição impõe desafios a todos os que têm de se entender com ela – e isso é uma oportunidade para mais vitalidade. E, com frequência, essa vitalidade também requer paciência.

## Nenhum mecanismo

A transformação muitas vezes acontece sem que façamos nada para isso. Apenas depois de alguns anos podemos perceber que algo mudou em mim. Por exemplo, não reajo com exagerada suscetibilidade a palavras ofensivas. Ou passamos um momento com um amigo que não víamos havia muito tempo e temos a sensação: "Algo aconteceu" ali, algo mudou – às vezes para melhor, às vezes para pior. Com tudo o que acontece, a ação humana também faz parte da transformação. Os exercícios espirituais, ou seja, a prática espiritual consciente, fazem parte da tradição cristã.

Em nosso tempo, muitas pessoas não têm paciência para transformação e crescimento. Querem mudar a si mesmas como uma máquina que pode ser alterada pelo aperto de um botão. Mas muitas vezes elas também se tratam como uma máquina. Há algo de agressivo em seu comportamento: preciso me tornar uma pessoa diferente. Não sou bom do jeito que sou. Tenho de mudar tudo em mim. Pois o que estou vivendo agora não é bom. Portanto, eu mudo alguma coisa porque não estou satisfeito e estou rejeitando o que aconteceu até agora. Mas essa também é uma lei básica da vida humana: o que eu rejeito fica colado em mim. Se eu rejeitar minha vida anterior, ela continuará a me definir.

Em contraste com essa imagem um tanto mecanicista da mudança, a tradição cristã e também a psicologia atual apostam na transformação. Transformação significa: olho para trás, mas também para frente. Eu aprecio a mim mesmo e à minha vida como eu vivi até agora. Mas sinto: ainda não sou quem eu poderia ser por minha essência. A mudança só pode acontecer quando eu aceito o que é. As coisas são como são. Eu não as avalio. Mas essa aceitação vem sempre junto com a esperança de que a mudança está ocorrendo em mim, de que assumirei cada vez mais minha forma originária, a forma de que Deus me julgou capaz, a forma que Ele previu para mim.

## A dupla face da transformação

Claro que não se trata apenas de nos transformarmos em nossa própria essência autêntica. Não há apenas mudanças para melhor, mas também mudanças para pior. Há exemplos disso na literatura e também nos contos de fadas, mitos e lendas. As transformações são o resultado de maldições ou punições, mas também sinais do poder divino. O poeta antigo Ovídio descreve a mais famosa história positiva de transformação em *Metamorfoses*: Filêmon e Baucis, um casal de idosos dão acolhida hospitaleira aos deuses Zeus e Hermes em sua cabana, ao contrário dos outros, que lhes fecharam as portas. Em troca, eles pedem que morram ambos na mesma hora, para que nenhum tenha de olhar para o túmulo do outro. Então, no fim da vida, enquanto conversavam, são transformados num carvalho e numa tília. Essa transformação é a recompensa por sua atitude provada em vida: um dom divino que remove até mesmo a dor da morte e da separação.

Nos tempos modernos, Franz Kafka descreveu em seu conto *A metamorfose* como uma pessoa pode ser transformada negativamente por um ambiente estressante e hostil. Gregor Samsa, que trabalha como comerciante de tecidos para sustentar a família depois da falência do negócio de seu pai, é transformado da noite para o dia num inseto enorme. Kafka está obviamente expressando que o doloroso relacionamento com o pai pode transformar uma pessoa num inseto. A família tem pavor e ódio dele. Então, juntamente com o inseto, o filho morre. É uma história assustadora, mas expressa com muita clareza como uma situação externa ofensiva transforma alguém: numa pessoa que perde sua dignidade e, na sequência, se desenvolve de maneira tão negativa que todos a odeiam.

## Gestão de mudança

Hoje, quando falam sobre mudança, as pessoas geralmente se referem a contextos políticos ou econômicos. Uma mudança de direção é prometida antes de eleições, na pretensão de assim se mostrar mais à altura da nova realidade. Fala-se cada vez mais de "competência de transformação" como uma qualidade de liderança. Também nos negócios, especialmente na gestão corporativa, fala-se hoje de tais processos de controle. Fala-se de "gestão da mudança" quando se trata de manter a capacidade produtiva mediante mudanças organizacionais e de reagir a novas circunstâncias de maneira sustentável. Porém, quando se tenta a todo custo provocar mudanças e querer constantemente mudar tudo na empresa, isso muitas vezes gera agressividade nas pessoas afetadas. Pois essa atitude lhes transmite a seguinte mensagem: Tudo o que vocês fizeram até agora estava errado. Vocês precisam fazer tudo diferente. A lei da transformação também se aplica a uma empresa: eu aceito a empresa com tudo o que ela fez até agora. Eu valorizo a equipe. Mas tiro a conclusão da visão de que os tempos são outros, assim como as condições dos negócios são outras agora. É por isso que temos de investigar como podemos assimilar e incorporar a cultura que nos constitui, para que também possamos fazer bons negócios com o mundo exterior. É nossa tarefa encontrar nossa verdadeira identidade e não deixar que as circunstâncias externas nos obriguem a fazer mudanças permanentes que sobrecarreguem as pessoas envolvidas e acabem sufocando sua motivação. Não há dúvida, às vezes as estruturas e os processos de trabalho precisam ser alterados para que a empresa possa assumir sua forma autêntica. Mas quando está claro que hoje temos de administrar uma empresa de uma maneira diferente, e eu aprecio os funcionários nesse processo e lhes agradeço por seus pontos fortes e pelo que conquistaram até agora, também posso entusiasmá-los com sua verdadeira forma e com o que constitui uma empresa eficiente.

Claro, muitos também relacionam a "gestão de mudança" à sua própria trajetória pessoal. Essas pessoas querem mudanças radicais em si mesmas. Com frequência, esperam que mudanças externas as tornem completamente diferentes também. Alguns mudam sua dieta a cada dois anos, outros, seu tipo de atividade física; outros, seus métodos psicológicos. Mas eles sempre permanecem os mesmos. Eles mudam os métodos para se tornarem outras pessoas, mas então a alma humana se rebela, reage com resistência – e o que combatemos fica grudado em nós.

Obstáculos no caminho

Não é apenas a mudança que gera agressões. Muitos também se fecham contra transformações. Querem permanecer estacionadas. Mas sem disposição para transformação nós congelamos por dentro. Não apenas o medo é um obstáculo à mudança: medo do novo ou medo do doloroso processo de transformação. Até o sucesso pode ser um obstáculo nesse caminho. C.G. Jung disse uma vez que o maior inimigo da transformação é uma vida bem-sucedida. Porque a pessoa bem-sucedida tem o seguinte sentimento: tudo corre bem, todo mundo inveja o meu sucesso. A tentação é apenas continuar assim. Mas então a pessoa frequentemente se torna vazia. Os bem-sucedidos são tentados a se definir em termos de sucesso. E então ele se paralisa interiormente.

Martin Buber disse que o sucesso não é um dos nomes de Deus. E há um pensamento ainda mais incisivo – em relação ao sucesso externo: uma vida realmente bem-sucedida não significa ser no final o homem mais rico do cemitério. Não se mede uma "vida boa" pelo "excesso" de posses, nem apenas por critérios de sucesso externo. Nem sempre consigo trabalhar mais, produzir mais, preciso conhecer meus limites e levá-los em consideração. E se quero crescer pessoalmente numa tarefa, tenho de abrir mão de outras tarefas. No longo prazo, uma ação que se preocupa apenas com o "excesso" externo e não com o crescimento interior experimentará seus limites de maneira dolorosa. Uma ideia de crescimento que assenta no "cada vez mais" e não reconhece os limites fundamentais da vida e a integração da vida na natureza, ou seja, que não conhece a sua própria medida, apresenta um julgamento errôneo da realidade.

## Deixar as coisas acontecerem e enfrentar os desafios

Independentemente do modo como somos, a vida também tem sua própria dinâmica. A transformação, essencial para a vida, frequentemente acontece por si mesma, sem nossa iniciativa. Temos a vida, mas não conseguimos agarrá-la; ela escapa de nós o tempo todo. Todas as tentativas de descrever a vida com exatidão, de colocá-la em conceitos fixos, fracassam. A vida está dentro de nós, e nós a vivemos. Ela vem até nós, e nós a moldamos.

O fato de que transformação e mudança andam juntas se aplica ao desenvolvimento pessoal, mas também ao mundo em que vivemos. "Qualquer um que queira que o mundo permaneça do jeito que está, não quer que o mundo permaneça", disse certa vez o poeta Erich Fried. A dupla face da mudança também significa que o mundo e a sociedade ao nosso redor estão mudando num grau sem precedentes, que tudo está "em fluxo" no que diz respeito aos desenvolvimentos futuros, que implicam, ao mesmo tempo, grandes esperanças e perigos previsíveis. As palavras-chave hoje são globalização e suas consequências, como migração e crescente injustiça, mudança climática ou progresso técnico difícil de controlar. Quem olha para as últimas décadas pode avaliar como isso mudou o mundo, a convivência e não apenas a vida dos indivíduos – às vezes com uma dinâmica de tirar o fôlego e consequências difíceis de dominar. Como pode o indivíduo permanecer centrado em si mesmo nesse veloz processo de mudança e não se deixar arrastar? Como ele pode se opor às consequências destrutivas e se envolver na mudança de maneira positiva e formadora, de modo que sua vida se torne uma bênção para os que o cercam? Quais desafios precisam ser superados para que não apenas as mudanças externas sejam bem configuradas, mas também sejam dadas as condições para o crescimento interior e a transformação pessoal?

Para o desenvolvimento pessoal, a tarefa de transformação significa: eu mesmo devo me transformar interiormente, em vez de desesperadamente buscar mudanças externas. Mas o processo de transformação geralmente requer mudanças externas. Isso também significa mudanças políticas e sociais, mas não só. Claro que posso mudar meu estilo de vida, minha alimentação, meu ritmo diário, meus hábitos. A mudança das coisas externas pode me ajudar a me tornar cada vez mais livre como pessoa e cada vez mais transformado na configuração que é adequada para mim. Isso também pode ser ilustrado com a imagem técnica do dique: a água precisa ser represada. Uma barragem deve ser construída para impedir que a água continue a correr. Então ele pode jorrar através da turbina a uma nova velocidade e ser convertida em eletricidade. Ou seja, às vezes, temos de colocar um obstáculo em nosso curso de vida costumeiro para que algo dentro de nós se transforme em uma nova forma de energia.

Para C.G. Jung, os símbolos e rituais são uma ajuda para que a "libido", a energia instintiva humana, se transforme em energia espiritual. Segundo Jung, a religião tem a função de libertar a libido humana do estado da "falta de controle e do estar à mercê dos afetos" (Jung, *Símbolos da transforma-*

ção, 525) e, assim, transformá-la numa energia que abre e capacita as pessoas para objetivos mais elevados.

Do que se trata

Não são apenas necessárias nossas ações para que a mudança para melhor aconteça em nós, mas também atitudes que facilitem esse processo e nos deem suporte para que a vida ao nosso redor não tenha um crescimento desordenado.

As atitudes estão em nós. Mas nem sempre estamos relacionados com elas. Para que tenham efeito sobre nós, é importante que não apenas tomemos consciência delas, mas também tentemos desenvolvê-las e fortalecê-las. A energia espiritual que Jung aborda certamente pode levar a uma atitude de atenção e responsabilidade, de esperança e confiança, e também pode ser um incentivo para moldar ativamente a realidade.

No entanto, este livro não versa sobre sugestões concretas, sobre a questão da maneira e das medidas sensatas ou ações necessárias para mudar o mundo ou a sociedade. Em vez disso, ele pretende mostrar a direção do crescimento interior e descrever lugares e caminhos de uma transformação que afeta a nós mesmos. O objetivo dessa transformação é que nos tornemos cada vez mais autênticos e livres, e também que nos libertemos da compulsão de "buscar mudanças em nós mesmos" sem parar. Em vez disso, podemos nos entregar serenamente a nós mesmos, na confiança de que

Deus opera a transformação em nós ao longo de todas as experiências e encontros de nossa vida.

E com esta serenidade, com esta confiança, podemos enfrentar com segurança os desafios que toda a mudança externa também nos apresenta. A imagem da transformação é sustentada pela esperança. Não se trata de negar a dor e o sofrimento. A cruz faz parte da vida. Mas, para os cristãos, ela é – juntamente com a ressurreição de Jesus – a imagem da esperança da transformação. É o símbolo da esperança de que tudo em nós pode ser transformado: a escuridão em luz, a paralisação em vivacidade, a dor em amor, o fracasso em um novo começo, e a morte em vida.

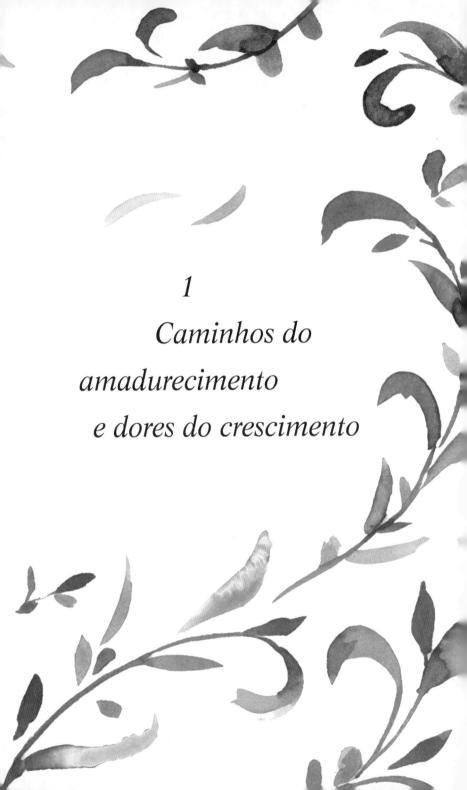

# 1
# Caminhos do amadurecimento e dores do crescimento

## Vida nova: Gravidez e nascimento

Com o nosso nascimento, com a "vinda ao mundo" de cada ser humano, surgiu algo novo, uma nova vida, algo que nunca vimos antes. Principalmente numa época em que todos estão acostumados a planejar o futuro, é importante tomar ciência de que todos nós somos, primeiramente, gerados. A vida nos foi dada. Esse fato também nos conecta a todas as outras pessoas. A gravidez e o nascimento são uma parte tão fundamental de nossa vida quanto a experiência de sempre novos começos, de modo que também transferimos essa experiência para as experiências espirituais.

Como uma experiência psicossomática concreta, a gravidez e o parto afetam as mulheres de uma maneira única. Quando falo sobre esse aspecto a seguir, eu, como homem, só posso me basear no que minhas irmãs e amigas me contam sobre a gravidez. Há uma gama intensa de sentimentos. Quando uma mulher engravida, ela reage com alegria, mas às vezes também com medo: A criança vai se desenvolver bem no meu ventre? Posso ser uma boa mãe para a criança? Algumas mulheres reagem fisicamente à gravidez: algo muda em seu corpo. Elas não podem controlar o corpo. Ele simplesmente se anuncia e quer que suas necessidades sejam levadas em consideração.

*Uma experiência decisiva*

Para a mulher, o parto costuma ser o que Abraham Maslow chama de experiência culminante. Ele descreve a experiência culminante da seguinte forma: "A pessoa entra no Absoluto, torna-se um com ele, ainda que apenas por um breve momento. Este momento muda a vida. Muitos disseram que nele o espírito da pessoa se detém, e nesse momento atemporal a natureza paradoxal, mutável/imutável do universo lhe é revelada". Muitas mulheres não conseguem descrever exatamente o que vivenciaram quando deram à luz. Mas, às vezes, as mulheres têm, durante o parto, experiências diferentes das descritas por Maslow: acima de tudo, elas sentem dor, uma dor que mal conseguem suportar. Para elas é principalmente um alívio que tudo acabe, que a criança saia do útero realmente saudável. Então, sentem alívio em meio à exaustão. Na psicologia, fala-se também em depressão pós-parto. Quando ouvi pela primeira vez sobre isso, fiquei perplexo. Mas então uma mulher me contou sobre sua depressão após o parto. Foi aí que entendi como o nascimento é sempre uma experiência ambivalente.

Tão logo nasce a criança, a vida da mãe se transforma por completo. Agora ela está lá totalmente para a criança. E o início pode ser muito cansativo. A criança continua acordando à noite. Ou então é uma "criança chorona", que nas primeiras semanas continua chorando por motivos muitas vezes inexplicáveis. Às vezes, a culpa é da digestão, que não funciona adequadamente nas primeiras semanas de vida. A mãe, então, se sente impotente e também, às vezes, agressiva. Ela não deve reprimir a agressão nem descontá-la na criança.

*A vida da mãe passa por transformação*

Em vez disso, a agressão é um pedido de ajuda da alma: agora tenho de tratar bem a mim mesma. Sempre preciso de novos momentos de alívio e calma para poder me dedicar novamente à criança com amor.

Após o nascimento do filho, a relação entre homem e mulher, entre pai e mãe, também muda. O homem costuma ser o pai feliz, gosta de segurar a criança nos braços e brincar com ela. Mas às vezes ele se sente em segundo plano. Ele tem a impressão de que a esposa agora é só mãe e só quer saber de cuidar do filho. Ele não a vê mais como sua parceira. Tais experiências requerem uma transformação interior tanto do homem quanto da mulher. A parceria não é apenas uma relação a dois. Tornou-se fértil para uma terceira pessoa, para a criança. E somente quando ambos entenderem internamente essa transformação, o relacionamento entre homem e mulher se tornará bom. Mas esse relacionamento muda. E ambos têm de enfrentar essa mudança.

*Enfrentar a mudança no relacionamento*

No entanto, a gravidez e o parto não são apenas fatores biológicos. Não afetam apenas a mulher grávida e seu marido. São também imagens com as quais cada um de nós descreve e interpreta o seu próprio percurso de desenvolvimento. Dizemos: "estou prenhe de uma nova ideia ou de um projeto que tenho em mente". Enquanto estamos prenhes, ainda não sabemos como formular a ideia com mais clareza ou como realmente executar o projeto. Nós temos uma noção. Essa noção deve amadurecer em nós, assim como a criança amadurece no ventre materno até estar madura para nascer. Quando estamos prenhes de nossos pensamentos, nossa vida também muda. A velha segurança não existe mais. Algo acontece em nós sem que saibamos como vai terminar. Não podemos determinar a hora do nas-

*Imagens do caminho de amadurecimento interno*

cimento. O mesmo se aplica aqui: temos de esperar até que a ideia esteja madura e possa ser implementada. Semelhante à gravidez, o nascimento também é uma imagem do nosso caminho humano de amadurecimento. Às vezes dizemos: "Isso foi um parto difícil". Com isso queremos dizer que depois de um longo conflito chegamos a um acordo a respeito de um projeto ou uma estratégia. Ou foi um "parto difícil" até que pudéssemos tomar uma decisão. Mas não apenas pensamentos nascem em nós. Nosso caminho para a autorrealização frequentemente passa por um renascimento. A imagem do estreito canal de parto também se aplica aqui: às vezes temos dor até percebermos que coisa nova está tentando nascer dentro de nós. O novo nascimento costuma ser doloroso. Os contos de fadas costumam nos contar sobre esses novos nascimentos. Às vezes, o herói se mete em grandes dificuldades. Às vezes ele morre – e é trazido de volta à vida, por assim dizer. Milagres acontecem nos contos de fadas. Uma pessoa experimenta seu novo nascimento de maneira semelhante. Às vezes, ela tem a impressão de que está presa no estreito canal do parto, de que tudo está escuro dentro dela e ao redor dela. Mas de repente tem a sensação: sou como uma recém-nascida.

*Tudo ainda está à nossa frente*

Ela mesma não consegue descrever exatamente como foi o parto. De repente, sente-se viva e livre. Então ela experimenta, por assim dizer, uma felicidade de pai, ou de mãe. Algo novo nasce nela. Ela mesma se tornou nova. Esta é uma profunda vivência emocional e existencial.

É sempre um milagre quando uma criança pequena aparece de repente, olhando para os pais com seu rostinho único. Mas ela também precisa de muita atenção desde já para que se sinta bem-vinda no mundo, amada e segura. Precisa de mãos ternas para acariciá-la. Dessa maneira, pode ganhar a primordial confiança de que estar no mundo é bom. Porque o processo do parto não é doloroso apenas para a mãe, mas também para o próprio bebê. Alguns bebês sofrem traumas de nascimento quando o caminho pelo canal do parto é muito difícil e doloroso. Isso geralmente é expresso mais tarde num medo vago perante algo novo, que então parece um nascimento que só pode acontecer por meio de muita dor e angústia. Uma criança recém-nascida não é definida pelo passado. Todo o futuro está à sua frente. Ela pode desdobrar tudo o que lhe é inerente. Às vezes, queremos de volta aquele estado em que tudo ainda está à nossa frente, em que ainda nós mesmos podemos moldar nossa vida. Ainda não fomos encaixados na imagem que caímos ao longo da vida. Queremos sentir de novo a criança que há em nós, completamente intocada e aberta ao futuro. É um anseio legítimo querer entrar novamente em contato com a criança que há em nós, para que

*O nascimento de Deus na alma*

possamos nos tornar autênticos, sobretudo quando temos a impressão de que o que fizemos até então foi passar ao largo de nós, de nossa essência.

Cada criança que nasce traz consigo uma promessa de felicidade: a promessa de que tudo ficará bem. No batismo, expressamos isso acendendo uma vela batismal e entregando-a aos pais. Eles podem acreditar que nesta criança a luz vem a este mundo. Em cada bebê torna-se visível uma luz de Deus que brilha somente para nós nesta criança.

A tradição espiritual também fala do nascimento de Deus na alma humana. Cristo quer nascer em nós e nos colocar em contato com a imagem originária que Deus fez de nós, com a criança originária, com a criança divina em nós, que ainda não está definida pelas expectativas humanas. O nascimento de Deus em nosso coração nos põe em contato com nosso eu verdadeiro. É um nascimento que nos mostra que podemos nos tornar novos a qualquer momento. Pois Deus é um Deus que faz novas todas as coisas.

*Espaço de desenvolvimento*

Ele também nos renova, nos põe em contato com a criança interior, para que nos livremos de tudo o que está fixo e confiemos no novo que pede a palavra em nós.

## Desenvolvimento: infância e adolescência

As crianças estão em constante mudança. Os pais ficam maravilhados vendo a criança aprender cada vez mais. Aprende a andar, a falar. Experimenta tudo o que pode fazer, adapta-se ao seu ambiente e encontra seu caminho no mundo. Os pais vivenciam isso com muita intensidade: no início, ela apenas dormia em seus braços, depois aos dois anos de idade conquista seu ambiente, depois começa a formar seus próprios pensamentos, resiste aos desejos dos pais e, mesmo desafiando, está no caminho para si mesma. Ela precisa da proximidade segura, do vínculo com os pais como recurso para o seu autodesenvolvimento e depois deve aprender a crescer, libertando-se das dependências iniciais.

O essencial na criança é que ela está totalmente no momento e totalmente absorvida em suas brincadeiras. Mas hoje muitas crianças desaprenderam como brincar. Ou têm brinquedos demais e não conseguem mais desenvolver espontaneamente suas próprias brincadeiras. Ou então enjoam logo de algum brinquedo, perdendo o interesse e a concentração com estímulos sempre novos. Ou então, desde muito cedo, ganham *smartphones*, nos quais podem acessar todos os tipos de jogos. Mas ali as brincadeiras são pré-fabricadas. A criança então desaprende a brincar de verdade, a se expressar de maneira criativa e energética. Além disso, as crianças de hoje são sobrecarregadas com muita informação desde tenra idade. Ficam sabendo sobre os perigos das mudanças climáticas ou de um futuro ameaçado por outros fatores. E muitas vezes elas sentem o medo que os pais têm ou a consciência culpada dos pais de que seus filhos vivam num mundo cujo futuro é tão sombrio. No entanto, a criança precisa de um ambiente de confiança e de leve despreocupação, e de um espaço de esperança para poder se desenvolver. Se os pais problematizam tudo em excesso, faltará essa esperança de um bom futuro, tão essencial para a infância e adolescência.

*A necessária liberdade de propósitos*

Outro perigo é despertar muito cedo nas crianças um propósito, ou tentar encaixá-las num mundo definido por propósitos. Se agimos assim, transferimos para elas a pressão que sentimos na sociedade, pensando que temos de ensinar tudo o que for possível e que elas precisam praticar algum esporte desde muito cedo para ficarem em forma, ou aprenderem um instrumento com máxima perfeição. Ou deveriam aprender uma língua estrangeira o mais cedo possível para poderem vencer mais tarde na competição econômica.

O perigo aqui é que as expectativas dos pais sejam impostas aos filhos, que então perderiam sua leveza e despreocupação. As crianças querem ser elas mesmas e querem vivenciar cuidado e aceitação incondicionais. Porque assim elas podem se desenvolver e aperfeiçoar suas habilidades a partir de si mesmas. As crianças precisam de condição para ser crianças, para brincar, para não fazer nada, para simplesmente existir. A psicologia nos ensina que uma criança que pode brincar bem será capaz mais tarde de trabalhar bem como um adulto. Assim como a criança se concentra em brincadeiras, o adulto se engajará no trabalho e será capaz de mergulhar totalmente nele.

*Insegurança na puberdade*

A infância tranquila sofre uma mudança na puberdade. A criança oscila entre a necessidade de proximidade e segurança com os pais e o desejo de ser independente, de se distanciar. Isso muitas vezes é acompanhado de conflito. "A puberdade é quando os pais se tornam difíceis" é o título de um livro sobre como educar os filhos, o qual descreve os mal-entendidos e as tensões mútuas que podem determinar e perturbar um relacionamento até então harmonioso. De repente, os pais não entendem mais a criança porque ela se rebela, porque quer tomar suas próprias decisões e assumir a responsabilidade por si mesma. Até então tudo tinha sido tão fácil. Agora as coisas ficaram complicadas. A criança em crescimento oscila entre a natureza despreocupada da criança e os desafios do adulto que gostaria de ser. Sua experiência das mudanças na puberdade é, com frequência, dolorosa. Ela se sente puxada de um lado para outro. O corpo muda, e as mudanças fisiológicas e hormonais são acompanhadas por inseguranças mentais e alterações de humor. Nesta idade de maturidade sexual, a sexualidade é muitas vezes sentida como opressiva. Ela deixa o adolescente inseguro.

A tarefa do púbere é, por um lado, distanciar-se dos pais, mas, por outro, não se fixar na rebelião ou na recusa. E o truque é encontrar um novo relacionamento consigo mesmo e com seus pais. Isso exige algo de ambos os lados: do púbere a vontade de se envolver no processo de mudança; e dos pais, tentativa de compreender o filho imaturo e rebelde. No início, ocorreu um crescimento lento e silencioso, até que a puberdade anunciou a transformação, muitas vezes de forma ruidosa e dolorosa. Então aquele ser que era uma criança cresceu. Mas esse jovem adulto também continuará mudando.

Distanciando-se dos pais

Também faz parte do desenvolvimento e crescimento da criança que ela se distancie cada vez mais de seus pais. Este também é um longo processo que inclui várias fases e etapas. Quais são as possíveis dificuldades? E como a transformação dessa relação pode ter sucesso?

*Primeiro passo de distanciamento*

Um primeiro passo para o descolamento ocorre quando a criança aprende a andar sozinha ou quando vai para a creche ou escola. O processo de separação torna-se então mais forte durante a puberdade. Mas então os adolescentes púberes muitas vezes oscilam entre apoiar-se nos pais e descolar-se. Eles ainda precisam da proximidade de seus pais, mas também se afastam deles repetidamente,

33

agindo como se já fossem completamente independentes. Então, quando crescem, é preciso se separar dos pais. Para poder casar-se – como diz Jesus – "o homem deixará pai e mãe e se unirá à sua mulher, e serão os dois uma só carne" (Mt 19,5; cf. Gn 2,24). Muitos casamentos fracassam porque o homem ainda está ligado à mãe; e a mulher ainda está muito ligada ao pai. Um vínculo muito estreito com os pais os impede de se envolver totalmente com o parceiro. O descolamento dos pais é a condição para constituir uma nova família.

*Soltar e aceitar*

Descolar-se dos pais não significa rejeitá-los. Só posso soltar o que aceitei. Isso também se aplica ao desapego em relação aos pais. É meu trabalho aceitar meus pais como eles são, ser grato a eles pelo que me deram. Mas esta aceitação também significa: deixo os pais como são. Eu renuncio ao desejo de mudá-los. Eles podem ser quem são. O que não me agrada neles eu deixo com eles. Não me irrito com isso. Lamento que não correspondam à imagem ideal que tenho a respeito de pais. Mas não os avalio.

Estou sempre vendo pessoas que se separam radicalmente de seus pais. Não querem mais nada a ter a ver com os pais. Sentem que seus pais têm uma influência negativa e destrutiva sobre elas. Mas nesse caso eu ainda não larguei realmente meus pais. Ainda deixo que o comportamento deles me invada. Para mim, deixar ir significa: observo os pais jogarem. Mas eu não jogo com eles. Eu não avalio o que os pais jogam. Mas não me deixo atrair para os velhos jogos. Algumas pessoas, quando visitam os pais, logo começam a brigar. Isso significa que ainda não estão livres de sua influência. Quando estou livre, deixo meus pais serem quem são sem lhes dar poder. Eu não preciso me justificar para eles. Eu os deixo e assim relaxo. Eu percebo a perspectiva que eles têm sobre a vida. Mas eu não a compartilho. Eu vejo o mundo com minha própria compreensão e de acordo com minha essência.

*Raízes e asas*

Claro, muitas vezes o relacionamento com os pais é conturbado. Se os pais continuam tratando os filhos e filhas adultos como crianças, então também é a responsabilidade desses adultos não se deixarem tratar como crianças. O descolamento bem-sucedido significa: permaneço em mim mesmo e não assumo mais o papel de criança. Evidentemente, às vezes os filhos precisam de distância espacial e temporal para que o distanciamento dos pais seja bem-sucedido. Às vezes, os relacionamentos são tão confusos que é preciso sair do mingau emocional para se encontrar a si mesmo. Mas uma ruptura absoluta com os pais também me afasta das raízes das quais eu vivo. Não há asas sem raízes: esse é um *insight* psicologicamente correto. Precisamos das raízes de nossos pais para então voar para o mundo, para a liberdade que corresponde à nossa essência.

Uma separação dos pais bem-sucedida sempre se reflete no fato de que eu os honro pelo que eles me deram, sou grato pelo que aprendi com eles. Mas, ao mesmo tempo, eu me distancio daquilo que não corresponde à minha pessoa. O descolamento bem-sucedido também se reflete no fato de que não fico esperando elogios de meus pais o tempo todo. Com frequência, encontro homens e mulheres adultos que, mesmo com

*Quando a separação é bem--sucedida?*

anos de idade, ainda esperam ser reconhecidos e apreciados pelos pais. Sem dúvida, sentir que os pais têm orgulho de nós, que reconhecem nossa singularidade é algo que nos faz bem. Mas se fico observando a reação de meus pais a todas as minhas atitudes, isso significa que não me tornei realmente livre. Ainda continuo internamente muito apegado a eles.

Outra forma de dependência pode ser vista quando assumo os padrões usados pelos pais, sem estar ciente disso. Sigmund Freud fala do superego, no qual as opiniões dos pais se tornaram um juiz interior em nós, que julga tudo em nós. Justamente quando pensamos que nos libertamos dos pais, passamos a perceber como ainda somos frequentemente determinados por suas atitudes. A pessoa não ousa permitir-se desfrutar algo porque a voz dos pais lhe proíbe: "você sempre deve ser econômico, primeiro você deve conquistar algo, antes de se permitir esse luxo".

*Um novo passo*

Muitos se angustiam, porque se sentem deixados sozinhos quando os pais morrem. A morte dos pais nos desafia a novamente soltá-los de uma maneira especial. Mesmo que os pais fossem velhos, eles ainda eram um amparo. Os filhos podiam se apoiar neles, se relacionar com eles, ligar para eles. Mas agora eles não estão mais lá. Eles podem, pelo luto, se tornar um companheiro interior. Mas primeiramente tenho de deixá-los ir, tenho de aceitar que estão mortos. E reconheço que estou prestes a uma transformação. Eu deixo de ser o filho carente, para ser eu mesmo pai e mãe, avô e avó. Em vez de procurar amparo, devo fornecer amparo. Agora as pessoas esperam que eu lhes dê apoio moral, segurança e proteção. Este é também um passo na minha própria transformação.

## Escolha da parceira, do parceiro: trilhar um caminho comum

Muitas pessoas têm contatos frequentes, bem como numerosos conhecidos. Na maior parte das vezes, são apenas relacionamentos casuais, sem compromissos. Isso geralmente não tem consequências para nós. Não nos vincula a nada. Mas também não nos muda, nem nos transforma. Se nos contentarmos com isso, seremos sempre os mesmos. Somente na transformação podemos nos tornar mais essenciais. As amizades têm uma qualidade diferente dos conhecidos casuais. Os amigos nos enriquecem. Os amigos nos apoiam e nos acompanham no nosso caminho, que também é sempre um caminho de mudança. Amigos nos fazem bem. Podemos desfrutar desse relacionamento especial e experimentá-lo como uma fonte de vitalidade. Mas uma transformação mais profunda só acontece quando nos decidimos por uma parceira, um parceiro. Tal decisão significa: estamos seguindo um caminho comum com todos os altos e baixos, com todos os desvios e descaminhos. No caminho compartilhado nos conhecemos cada vez melhor – e mudamos. Pois necessariamente mudamos quando trilhamos um caminho comum por longo tempo. O Profeta Amós diz: "Andarão dois juntos, se não estiverem de acordo?" (Am 3,3). Os passos dados em conjunto também alinham os corações entre si. O caminho comum aproxima cada vez mais os parceiros. Eles não ficam mais isolados em si mesmos, mas, na troca, na relação vivida, experimentam uma unidade interior formada

*União apesar das diferenças*

por ambos. Mas este caminho para a união passa antes de tudo pela dolorosa experiência da diferença. Somente quando a diversidade é percebida e levada a sério é que a unidade se torna possível. Caso contrário, as pessoas não seriam mais capazes de se manter sobre os próprios pés; os sentimentos de ambas se misturariam. Com tal "uniformidade" emocional, ninguém saberia quem realmente é. A unidade precisa sempre também de liberdade. E assim o caminho comum é ao mesmo tempo um desafio de reconhecer cada vez mais a identidade própria, de não se definir em função do outro, mas em função da essência própria e das possibilidades próprias.

Existem outros aspectos na transformação causada pela decisão por uma parceira, um parceiro. A decisão por alguém nos liga a ele. A ligação a uma pessoa também liga o que muitas vezes está desconexo em nossa alma. Nessa decisão, nós renunciamos à falta de comprometimento. A conexão com o outro é transformadora. Pesquisadores do cérebro já reconheceram isso: quando a criança se sente ligada aos pais, são formadas as conexões mais criativas no cérebro. Desta forma, o vínculo desperta em nós uma nova vida que nunca conhecemos antes. A fidelidade faz parte desse vínculo. Fidelidade proporciona estabilidade em todas as mudanças da vida. A fidelidade aos outros me permite permanecer fiel a mim mesmo. Fidelidade significa "firmeza", mas não teimosia. É comparável à firmeza de uma árvore que continua crescendo, se transformando e ainda permanece a mesma, apesar de todas as mudanças externas. A fidelidade aos outros também se torna fidelidade a mim mesmo. A fidelidade mantém uni-

*Vínculos e compromisso*

das em mim as coisas que tendem a se separar. Tal firmeza e tal clareza promovem a transformação interior. Alguns têm medo dessa fidelidade. Sentem que ficaram comprometidos uma vida toda e não poderiam mais se desenvolver. O filósofo Otto Friedrich Bollnow, por outro lado, afirma: na fidelidade ao outro conquistamos a nós mesmos, encontramos nossa própria identidade e harmonia conosco.

A decisão pela parceira, pelo parceiro, ainda produz outra mudança. Se vivo sempre com outra pessoa, então preciso lhe mostrar como realmente sou. Não posso mais me esconder atrás de uma fachada. Não se trata mais de impressionar os outros. A máscara atrás da qual gosto de me esconder é arrancada de mim. E o papel que quero desempenhar não leva a lugar nenhum. O outro olha por trás da minha máscara, arranca-me o papel. Sou forçado a apresentar minha pessoa como ela é. Se eu convivo com outra pessoa, ela também perceberá meus lados de sombra. E vou reconhecer o lado de sombra da minha parceira, do meu parceiro. Isso me liberta das imagens que tenho de mim e do outro e nos faz penetrar mais fundo na verdade. Então não se trata mais de amar a imagem da outra pessoa, mas de aceitá-la com amor como ela realmente é. Esse caminho do autoconhecimento e do conhecimento do outro costuma ser doloroso. Porque gostamos de viver nas ilusões que criamos sobre nós mesmos e sobre os outros. Se nos agarrarmos a essas ilusões, sempre haverá conflitos porque a realidade contradiz as ilusões. Mas se nos concentramos no processo de reconhecimento crescente, reconheceremos cada vez mais nossa verdade mais íntima. O que compõe nossa essência não

*Libertar-se de papéis e imagens*

é o que apresentamos ao exterior, mas o que somos no mais íntimo. E o que está dentro irradia para fora. Quanto mais estreita nossa convivência, menos podemos fingir um para o outro. Desta forma, o núcleo autêntico em nós pode se manifestar cada vez mais. O caminho até lá é um caminho de amadurecimento que necessariamente inclui decepções e dores. Mas ele nos leva adiante. Ele nos transforma.

Numa parceria, a transformação de si está sempre ligada à transformação da parceira, do parceiro. O terapeuta familiar Jürg Willi fala em "coevolução". É um crescimento em conjunto. Coevolução significa que os parceiros não se contentam com a relação a dois, mas buscam uma perspectiva de meta comum. Eles se entregam a um processo comum de transformação. Mas esse processo conjunto de mudança não significa que ambos apenas se adaptam um ao outro. Pelo contrário, significa que precisamente eles se desafiam a crescer juntos com as diferenças. Esse crescimento em comum também passa por conflitos. Alguns preferem evitar isso, separando-se precocemente. Jürg Willi acha que eles estão evitando o desafio que poderia promover o crescimento pessoal de ambos. Justamente a superação conjunta de conflitos permite que ambos cresçam. Se eles se esfregarem um no outro, a casca também se despegará cada vez mais. A essência emerge.

*Crescer com os conflitos também*

*Mundo imperfeito — uma história de família bíblica*

### Aceitar a paternidade e, ainda assim, soltar os filhos

A paternidade, a maternidade não são um mundo ideal. Uma olhada na assim chamada sagrada família também deixa isso claro. As histórias de Natal, segundo Mateus e Lucas, nos mostram que Maria e José assumiram a maternidade e a paternidade em circunstâncias difíceis. Mateus escreve sobre o duvidoso José, que queria deixar sua esposa porque o filho que ela carregava no ventre não era dele. Em Lucas, José se dirige a Belém para se fazer recensear com sua noiva grávida. Em Belém não encontram morada. A criança nasce num estábulo, no estrangeiro e na pobreza. Se lermos a história do Natal hoje, saberemos como ela terminará. Trata-se de uma criança especial que é dada aos pais. Mas a Bíblia nos mostra que a maternidade e paternidade continuam sendo difíceis. Depois disso, não ouvimos mais nada a respeito de José. Aparentemente, morreu jovem. O evangelista Marcos nos conta como Maria, com outros parentes, se pôs a caminho para trazer Jesus de volta para casa. E eles "vieram para detê-lo, porque diziam: Está fora de si". Obviamente, o relacionamento de Jesus com sua mãe e família não era tão simples. Lucas suaviza um pouco essa cena. Jesus aproveita a visita de Maria para se referir à sua nova família: "Minha mãe e meus irmãos são aqueles que ouvem a palavra de Deus e a põem em prática" (Lc 8,21). Mas Lucas também descreve como Maria e José, cheios de medo e dor, procuraram Jesus, de doze anos, por três dias até que finalmente o encontraram no Templo. Quando Maria confronta o filho com sua aflição, o filho não entende por que ela está preocupada. Maria, por sua vez, não entende as palavras do filho. Mas – diz Lucas – ela vê através (*diaterein*) das palavras até o fundo de sua alma, e ali ela se sente una com seu filho.

*Alteridade desafiadora*

O que a Bíblia nos diz sobre José e Maria como pai e mãe também é uma imagem para nós hoje. Trata-se de internamente dizer um "sim" absoluto ao filho que a mãe deu à luz e, como pai e mãe, assumir a responsabilidade por esse filho. Quando a mãe segura o bebê recém-nascido nos braços e o pai olha com curiosidade para a criança, torna-se fácil aceitar a condição de pai ou mãe. Mas quando o bebê passa a noite chorando, a situação nem sempre é tão simples. Aqui os pais desejariam que fosse mais fácil cuidar do bebê. A alteridade da criança é um desafio constante. Mas justamente quando os pais se sentem aborrecidos, isso mostra o que significa dizer "sim" à maternidade e à paternidade e cuidar desse filho, que é o que é.

Depois, há os belos anos em que a criança se desenvolve e traz muita felicidade aos pais. O pai e a mãe gostam de ser pai e mãe e se alegram com o desenvolvimento da criança. Mas depois de um período de tranquilidade, essa alegria é novamente posta à prova. A puberdade revela se os pais continuam assumindo a responsabilidade e se enfrentam os conflitos. Alguns pais dizem sim a tudo para que possam ter paz. Mas, ao fazer isso, eles acabam se recusando a assumir a responsabilidade pelos filhos. Na puberdade, o importante é soltar os filhos na forma a que eles se adaptaram até então e deixá-los encontrar seu próprio caminho. No entanto, não há um soltar absoluto. O filho púbere e a filha púbere querem continuar acompanhados. Eles precisam do atrito com os pais para encontrar sua própria identidade. Quando os pais se afastam dos conflitos, os filhos adolescentes se sentem sozinhos com seus protestos. Seu protesto cai no vazio. É, portanto, tarefa dos pais enfrentar os conflitos e, ao mesmo tempo, desapegar-se da imagem que formaram de sua filha, de seu filho. E é necessário ter confiança de que eles encontrarão seu caminho através de todas as incertezas e conflitos.

| *O soltar é desafiador*

O soltar é ainda mais exigido dos pais quando os filhos crescem, quando trazem um namorado, uma namorada para casa. Até mesmo os pais que viviam dizendo a si mesmos que soltariam os filhos acham muitas vezes difícil quando o namorado ou a namorada não atende às suas expectativas. Então não é fácil ter confiança de que os filhos agora estão tendo experiências que, não obstante, vão fazê-los progredir: seja para um relacionamento sólido ou para a dolorosa experiência de uma separação.

O comportamento de Maria é uma bela imagem para entendermos o que é o soltar. Ela não entende o filho. Mas ela não o insulta. Ela o deixa seguir seu próprio caminho. Mas seu olhar penetra todos os elementos separadores e atinge o fundo de sua alma. E lá, no fundo de sua alma, ela é uma com seu filho. Esse também seria um bom caminho para os pais: eles não entendem os caminhos da filha e do filho que cresceram. Eles os soltam. Mas eles não abrem mão da unidade interior, da conexão interior. No fundo, eles continuam a se sentir conectados aos filhos. Desta forma, uma nova

| *Mudança no acompanhamento*

união pode surgir novamente, mesmo depois de tempos de desentendimento e fases de maior distanciamento.

Ao acompanhar os filhos, os próprios pais passam por mudanças constantes. Eles mudam de pais cuidados e protetores para pais desafiadores e, finalmente, para pais que se desapegam dos filhos. Ao confrontar os filhos e seu desenvolvimento, eles, também nesse enfrentamento, se confrontam consigo mesmos, vivenciam a própria infância de uma nova maneira. Os filhos são como um espelho no qual podem se reconhecer a si mesmo. Eles expõem lados de sombra ao viver o que seus pais reprimiram. Se os pais permitem isso e trazem seu lado de sombra para a luz de Deus, a transformação ocorre neles.

Sozinhos de novo: Quando os filhos estão fora de casa

Quando os filhos saem de casa, por exemplo, para estudar em outra cidade ou para trabalhar em outra localidade, a vida dos pais também muda. De repente, eles sentem que algo está faltando. A casa, de repente, lhes parece tão vazia. Sentem falta da vivacidade de sempre. Mesmo que a relação com eles nem sempre tenha sido fácil, os pais subitamente reconhecem o que o filho e a filha significaram para o pai e a mãe. Sentem falta do seu filho. A saída dos filhos os confronta consigo mesmos. Agora é importante olhar para a relação com o filho e a filha de uma distância saudável, e também crítica: Quanto eu precisava do filho ou da filha para mim, para minha autoestima? Será que meu relacionamento com meus filhos me monopolizou tanto que negligenciei meu relacionamento com minha esposa, com meu marido?

Por um lado, é importante agora deixar os filhos irem. Claro, não é um soltar absoluto. Continuamos a ser pais e mães. Continuaremos a nos preocupar com os filhos adultos. Mas primeiramente devemos deixá-los sair de casa com a consciência tranquila. Alguns pais continuam a vincular os filhos a si, por exemplo, telefonando constantemente para eles. Os filhos então não apenas sentem afeto, mas muitas vezes também controle, ou se sentem supervisionados pelo questionamento constante. Então é preciso ter confiança de que a filha e o filho encontrarão seu caminho. Devem saber que sempre poderão pedir conselhos aos pais ou contar com sua ajuda. Mas os filhos também devem experimentar liberdade e responsabilidade pessoal.

Outros deixam os filhos com consciência pesada. Dizem-lhes que voltem para casa tanto quanto possível. Esses filhos não se sentem livre para passar os fins de semana de uma maneira que seja boa para eles. Sentem-se compelidos a não decepcionar os pais. Mas agir demais contra seus próprios sentimentos não será bom para eles nem para o relacionamento com os pais. Afetos agressivos crescem neles, mostrando-lhes que precisam de mais distância.

Quando os filhos saem de casa, os pais se veem diante do desafio de lidar com seu próprio relacionamento conjugal. Alguns então percebem que se | *Redefinir a convivência*

tornaram alienados. Ambos estavam muito obcecados com os filhos, de modo que negligenciaram o relacionamento. Reconhecer isso pode ser um convite para revigorar o relacionamento. O casal pode pensar sobre o que quer fazer junto. Aqui é preciso ter uma nova estrutura para o dia, prioridades diferentes. E leva tempo para que ambos percebam: O que temos a dizer um ao outro? Quais pontos de nossa relação precisam ser discutidos? O que significamos um para o outro quando não somos apenas mãe e pai, mas esposa e marido?

Pode ser que os cônjuges experimentem uma crise na convivência. Mas esta crise também pode ser uma oportunidade para se aproximarem novamente. Se evitarem a crise e reprimi-la, ela terá um efeito paralisante no relacionamento. No entanto, se eles encontrarem alegria renovada em novamente saírem juntos ou fazerem algo nos fins de semana, eles experimentarão uma transformação em seu relacionamento.

Para alguns, a saída dos filhos está ligada biograficamente à crise da meia-idade, agravando-a. A questão agora se torna ainda mais urgente: O que realmente me sustenta? O que me move? Quem sou eu se não sou só mãe, não sou só pai? O que eu quero fazer da minha vida agora? Como poderíamos usar o tempo livre que agora temos? E o que gostaria de florescer em mim, em nós, que sempre deixamos de lado por consideração aos filhos?

E a relação com os filhos também vai mudar. É bastante natural que os pais se preocupem com o filho e a filha: Vão terminar os estudos, vão encontrar bons amigos? Permanece o anseio de que fiquem bem. Mas se os pais persistem na ansiedade, eles enfraquecem seus filhos. É importante permanecer aberto, mas transformar a preocupação ansiosa em cuidado amoroso. Pai e mãe também precisam ter uma percepção de que seu relacionamento com os filhos está mudando. É compreensível que os pais continuem tratando seus filhos como

*Transformar a preocupação ansiosa em cuidado amoroso*

crianças. Muitas vezes nem percebem que ainda veem a filha e o filho como crianças necessitadas de ajuda e conversam com eles como conversavam antes. Mas isso dá nos nervos dos filhos. Eles querem se tornar adultos. Alguns pais se sentem ofendidos porque os filhos às vezes os rejeitam. Mas com tal reação, eles novamente instilam sentimento de culpa nos filhos. Então é preciso muita sensibilidade para agora tratá-los como adultos e não mais como crianças.

Os jovens me dizem que não gostam mais de voltar para casa porque imediatamente caem no velho papel de crianças. Claro que isso não é apenas um problema dos pais, mas também dos filhos que aceitam os papéis que os pais lhes impõem. Outros não gostam mais de voltar para casa porque têm a sensação de que

*Manter uma convivência viva*

precisam constantemente servir de mediador entre os pais. Ou podem se sentir usados pelo pai que reclama da mãe, ou vice-versa. Mas eles não têm vontade de bancar o árbitro o tempo todo. A impressão que eles têm dos pais é que não aproveitaram a oportunidade de sua saída de casa para se aproximarem mais, mas ficaram estacionados onde estavam. Esperam a visita dos filhos para ter com quem conversar, porque o cônjuge ou não está disponível como interlocutor ou não é aceito como tal. É mais confortável sentir-se compreendido pelos filhos do que lidar com a esposa, o marido. Com isso os filhos podem facilmente pressentir se o relacionamento de seus pais mudou depois que saíram de casa ou se eles ficaram estacionados. Se o relacionamento deles mudar, os filhos também ficarão felizes em retornar para casa – pois irão para uma casa viva.

## A experiência da meia-idade

C.G. Jung foi o primeiro psicólogo a estudar a chamada "crise da meia-idade". Ele situa a crise da meia-idade entre os 35 e os 45 anos. Hoje tendemos a ver essa crise entre os 40 e os 50 anos. Durante este período, as pessoas têm o seguinte sentimento: consegui o essencial.

*Quem sou realmente?*

Formei uma família, construí uma casa, consolidei definitivamente minha situação profissional. E então surge a pergunta: Isso deve continuar sempre assim? O que vem agora? De repente, as pessoas têm a sensação de que seu trabalho e seu sucesso não significam tudo. Surgem perguntas: Por que estou vivo afinal? O que eu quero alcançar com a minha vida? Qual é o sentido da minha vida? Especialmente durante esse período, temos, com frequência, sonhos que nos perturbam. Há sonhos de perseguição. Eles costumam nos dizer que reprimimos algo em nossa vida. Sonhos de perseguição são sempre sonhos de sombra. Somos perseguidos por nossa própria sombra, para a qual empurramos todas as necessidades e emoções que nos são desagradáveis. Ela fala e quer ser olhada. Muitos também sofrem de indisposição depressiva durante esse período. Sinto que não sou só esse homem de sucesso, essa mulher de sucesso, como também não sou apenas pai ou apenas mãe. Mas não tenho certeza de quem realmente sou, o que constitui minha identidade mais profunda.

*Do ego para o si-mesmo*

C.G. Jung argumenta que a crise da meia-idade é uma crise necessária. É bastante normal que vivamos de forma unilateral na primeira metade da vida. Precisamos de um eu forte para nos orientarmos na vida. Mas a meia-idade é passar do ego para o si-mesmo, para o centro da pessoa. Isso só tem êxito se integrarmos nosso próprio lado de sombra. E trata-se de integrar "anima" e "animus" em nós mesmos. Jung os entende como partes psíquicas masculinas e femininas que estão em cada um de nós. Se o homem reprime a *anima*, corre o risco de ficar temperamental e dominado por suas variações de humor. Se a mulher reprime o *animus*, isso se reflete em opiniões obstinadas que não podem mais ser questionadas. Um sinal da integração de *anima* e *animus* é que homens e mulheres encontram sua própria identidade e, ao mesmo tempo, se dão bem com homens e mulheres ao seu redor. Depreciações mútuas e brigas tornam-se então mais raras.

A meia-idade é uma época de transformação. Mas a transformação é sempre um desafio. Por isso há três tendências à fuga, de acordo com Johannes Tauler – o místico alemão que no século XIV antecipou algumas das visões de C.G. Jung. A primeira tendência à fuga: | *Tendências à fuga*

em vez de me transformar, quero mudar os outros, o entorno, a sociedade. Porque eles supostamente são os culpados por eu ter entrado em crise. A segunda tendência à fuga: eu altero constantemente meu comportamento, minha dieta, minhas atividades físicas, meus programas psicológicos. Ao mudar coisas externas, penso que isso poderia me transformar. Mas a experiência mostra que essas pessoas sempre permanecem as mesmas. Porque elas rejeitam o que querem mudar em si mesmas. E o que rejeitamos em nós mesmos permanece conosco. A terceira possibilidade de fuga é que eu descarto qualquer mudança. Eu quero ficar do jeito que estou. Isso muitas vezes leva a um conservadorismo rígido: eu me apego às velhas atitudes em relação à vida, aos velhos rituais, ao velho modo de vida. Eu não me movo. Mas isso leva à paralisação interior.

*Pré-requisitos da transformação interior*

Na meia-idade, devemos contrapor a essas tentativas de fuga nossa própria transformação interior. E de acordo com Johannes Tauler, isso tem três pré-requisitos: O primeiro é o autoconhecimento honesto. Enquanto não nos reconhecemos honestamente, apenas projetamos nossos problemas nos outros. Mas o autoconhecimento é doloroso. É por isso que Tauler diz que algumas pessoas colocam verdadeiras peles de urso em torno de sua própria alma para que nada possa penetrá-la e perturbá-la. O segundo pré-requisito é a serenidade. É preciso coragem para abandonar velhos hábitos. Às vezes, trata-se também de abrir mão de relacionamentos antigos que sobreviveram, ou de largar a profissão com a qual tínhamos nos identificado. Mas antes de mudar muito rapidamente de um trabalho para outro, você deve primeiro deixar de lado sua própria atitude, muitas vezes arraigada, em relação ao trabalho e à vida. Então, algo pode mudar em seu trabalho. O terceiro pré-requisito é – expresso em termos religiosos – o nascimento de Deus no homem. Se quisermos descrever psicologicamente essa expressão mística, podemos chamá-la de autorrealização. Trata-se de passar do ego para o si-mesmo, para a imagem genuína de Deus dentro de mim. De acordo com C.G. Jung, o si-mesmo inclui não apenas o consciente e o inconsciente, mas também a imagem de Deus que se forma em mim. Para Jung, o relacionamento com Deus é o pressuposto para estabelecer um relacionamento com seu verdadeiro si-mesmo.

Para C.G. Jung, o processo de transformação na meia-idade também inclui lidar com a debilidade e, ao final, com a morte. Ele acredita que, a partir da meia-idade, permanecem vivos apenas aqueles que estão prontos para morrer. Isso corresponde | *Lidando com a morte* | ao segundo pré-requisito para a transformação que Tauler descreveu. Lidar com a morte é soltar tudo o que veio antes, o sucesso, o nosso papel. E também significa o poder soltar a própria vida. Jung diz: "Aqueles que nunca viveram realmente acham particularmente difícil lidar com a morte. Porque é muito difícil soltar a vida não vivida. Pessoas que sentem que nunca realmente viveram agarram-se à vida como a uma palha. Mas isso não a torna mais viva, mas sim mais convulsiva e estreita".

## Quando os pais envelhecem

No meio da vida, muitos então se dão conta de que seus próprios pais não estão apenas envelhecendo, mas também se tornam mais fracos e cada vez mais carentes com o passar dos anos. Que efeito isso tem em nós, e como podemos lidar com essa situação? | *Medos e expectativas* | Vários temores surgem em muitas pessoas, quando percebem que os pais envelhecem. Existe o medo de que o pai e a mãe precisem de ajuda agora. Os filhos muitas vezes se deparam com a pergunta: Quem poderá cuidar dos pais? Podemos nós mesmos cuidar de nosso velho pai, de nossa velha mãe? Alguns consideram uma mudança de carreira para que possam ir morar perto dos pais idosos. Claro, isso também significa uma mudança em sua própria vida. Eles ficam divididos entre os planos que fizeram para sua própria vida e o compromisso que sentem em relação aos pais. Eles devem se fazer essas perguntas, mesmo que os pais idosos ainda estejam relativamente bem e possam se virar sozinhos.

*Mudam os papéis*

Além dessas questões sobre a mudança de local ou de carreira, além das considerações sobre seu próprio futuro, muitas pessoas são tomadas por outro medo: como posso viver sem meu pai, sem minha mãe? Se o relacionamento com os pais é bom, então eles geralmente são um suporte com o qual os filhos podem contar. Eles são um amparo. E muitas vezes são o centro da família. Se os filhos ligam para a mãe idosa, sempre ficam sabendo tudo sobre toda a família, sobre as famílias dos irmãos e de seus filhos. E muitas vezes os filhos se encontram no aniversário do pai ou da mãe para comemorar juntos. Os pais mantêm tudo coeso. Mas agora o relacionamento está diferente. Isso começa com o fato de que, de repente, os filhos vivenciam os pais de maneira diferente. Eles não são mais o suporte nos quais podem se apoiar quando as coisas não vão bem. Os papéis entre pais e filhos passam por mudanças. Agora os filhos devem cuidar dos pais. Os filhos agora se veem de maneira diferente frente a seus pais.

*Quando cresce a debilidade*

Às vezes também surge o seguinte medo: Será que já há sinais de demência no pai ou na mãe? Como devemos lidar com isso? Até agora, as palavras do pai sempre significaram alguma coisa. Era possível confiar nele. Agora a fala confusa é algo frequente. Os filhos se sentem penosamente tocados quando tais sinais aparecem. Também é embaraçoso quando, por exemplo, o pai deixa de observar as estritas regras de etiqueta que ensinou aos filhos na hora de comer, quando faz barulho ao comer ou derrama parte da sopa porque tem as mãos trêmulas. O mestre de sabedoria Jesus Ben Sirac conhece essa situação. Assim, ele adverte o filho: "Filho, ampara teu pai em sua velhice e não o aflijas enquanto vive. Mesmo se perder a razão, sê indulgente e não o insultes porque estás em pleno vigor" (Eclo 3,12s.). Não é tão fácil para o filho, que está em pleno vigor, e para a filha, tão bem-sucedida profissionalmente, perceber a fragilidade dos pais e aceitá-los e honrá-los assim como são. Os filhos sentem que a cada visita ainda levam dentro de si a velha imagem do pai, a velha imagem da mãe. Cada encontro e cada refeição juntos são agora um desafio para abandonar essas velhas imagens e aceitar a atual situação dos pais. No entanto, as imagens antigas podem continuar a exercer um efeito sobre os filhos. Porque os pais que ficaram debilitados são os mesmos que me criaram e me apoiaram.

*Morte dos pais: um amparo se rompe*

Quando os pais envelhecem, outra tarefa para os filhos é lidar com a morte. Quando os pais morrem, não perco apenas um apoio importante. Ao mesmo tempo, a morte de meus pais me desafia a assumir algo de seu papel. Sou agora como pai – ou mesmo como avô – o esteio da minha família. Ou agora sou a mãe que sustenta a família. E no círculo de irmãos talvez seja eu a assumir o papel do pai ou da mãe. Não preciso me sentir obrigado a fazer isso. Mas eu deveria pelo menos me perguntar: Qual é meu papel em minha própria família agora e qual é meu papel no meu círculo de irmãos? No poema *Outro nascimento*, a poetisa Hilde Domin mostrou quão profundamente a morte dos pais pode afetar a própria autoimagem e como pode afetar fundamentalmente a compreensão da vida:

> Mãe, tua morte é
> nosso segundo nascimento
> mais nu e impotente
> do que o primeiro,
> porque não estás aqui
> e não nos pegas nos braços
> para nos consolar de nós mesmos.

No entanto, a experiência de estar sozinho diante da morte pode transformar-se em tomada de responsabilidade perante a vida.

Já conheci vários casos em que uma filha – nem sempre tem de ser a mais velha – assume o papel da mãe falecida nesta situação e torna-se o elo entre os irmãos. Ela simplesmente se sente compelida a cuidar dos outros e, por exemplo, a ligar para eles com mais frequência no intuito de manter a relação viva. Ou um dos filhos assume o papel do pai. Quando surgem problemas, os irmãos agora recorrem a ele. Ou outra pessoa se torna um parceiro de conversa sensível e solícito para aqueles que não estão indo tão bem nesse período.

A necessidade de cuidados e a morte dos pais muitas vezes desencadeiam novos conflitos entre os irmãos. Fica a pergunta: Como os irmãos assumem concretamente o cuidado dos pais? Muitas vezes não é possível distribuir as tarefas de forma absolutamente justa. Isso geralmente depende do lugar onde se mora e da situação profissional. Mas é preciso falar honestamente sobre isso. Infelizmente, antigos conflitos entre irmãos costumam surgir nesse contexto. Alguém se sente negligenciado pelo pai ou pela mãe. Ciúmes antigos vêm à tona. É bom quando os irmãos podem falar abertamente sobre isso. Quando os pais morrem, surgem novos conflitos. Existem conflitos de herança. Com frequência, não se trata da distribuição justa de dinheiro e outros bens, mas, em última análise, dos conflitos entre os filhos, que muitas vezes persistiam secretamente enquanto os pais estavam vivos, mas nunca eram discutidos abertamente. E também se trata, por exemplo, de como os filhos lidam com a casa dos pais: vão simplesmente vendê-la e dividir os lucros de forma justa, ou vão conservar a casa dos pais. Pois a relação afetiva entre os irmãos e a casa dos pais costuma ser muito diversa. E, portanto, muitas vezes não é possível falar sobre isso de maneira objetiva.

| *Velhos e novos conflitos*

Não devemos nos alarmar quando tais conflitos irromperem em nossa família, na qual sempre resolvemos todos os problemas juntos. Cada filho tem sua própria imagem de pai e mãe – como disse certa vez uma jovem com três irmãos: "Tivemos quatro pais diferentes". Enfrentar essa relação especial e também diversificada é sempre uma oportunidade de entender melhor a si mesmo – e também aos irmãos. E revisitar o relacionamento com os pais pode ajudar a aceitar nosso pró-

| *Acompanhantes internos*

prio passado. Então, o confronto com a morte iminente de nossos pais pode significar um impulso de desenvolvimento para nós. Trabalhamos em nosso passado familiar e experimentamos uma mudança interior nesse processo. É importante então redescobrir minha própria identidade face à minha história de vida – e sobretudo tendo em vista minha história com os meus pais e irmãos – e aproximar-me cada vez mais do verdadeiro si-mesmo que corresponde à minha essência mais íntima. Quando eu encontrar meu verdadeiro si-mesmo, posso soltar os pais. E ao mesmo tempo eles permanecem meus acompanhantes internos. E se aproveitarmos a oportunidade para continuar compartilhando as memórias que cada um de nós tem de nossa mãe e nosso pai em nosso círculo de irmãos, então não apenas seu espírito, mas também seu amor e sua força ainda estarão conosco.

## No fim da vida profissional

Para muitos, começa algo decisivo em sua biografia quando terminam a vida profissional. Quem se aposenta ou está prestes a se aposentar pergunta a si mesmo se quer continuar como antes ou se está pronto para a transformação. Alguns me dizem que fizeram boas provisões para a aposentadoria, não vão cair em depressão. Ainda têm muito trabalho esperando por eles. Ou ainda ocupam muitos cargos honorários, para não ficarem entediados. Outros estão felizes por terem tempo para os netos após a aposentadoria.

*Liberdade desafiadora*

É bom que não nos deixemos deprimir após a aposentadoria, mas tenhamos a sensação de que ainda somos necessários. Temos mais uma tarefa. Ou ainda: Ainda temos algo a dizer ao mundo. Mas devemos ter cuidado para não saltar por cima da aposentadoria continuando a nos cobrir de trabalho. Podemos ser gratos por ainda podermos fazer algo útil. Mas também é preciso uma transformação interior. Devemos estar livres da pressão de provar nosso valor por meio do rendimento. Faz sentido tirar um tempo depois da aposentadoria, não fazer nada de especial, não sobrecarregar a vida com novos trabalhos, para que reconheçamos a necessidade de uma transformação interior. Então também reconheceremos a hora de nos orientarmos novamente para fora e fazermos o que corresponde à nossa natureza.

A mudança que nos é exigida nesta fase da vida diz respeito à nossa autoimagem. Durante nosso tempo de atividade profissional, tínhamos o hábito de nos definirmos pelos papéis que desempenhávamos: éramos o chefe de uma empresa, éramos diretores ou professores, tínhamos uma tarefa importante na empresa, os clientes ficavam felizes em nos procurar. Os papéis que desempenhamos aumentavam nossa autoestima. E eles nos deram clareza. Sabíamos quem somos. Mas agora é hora de perguntar: Quem sou eu se não sou mais diretor de escola, não sou mais agente de seguros, não sou mais a líder de equipe, não sou mais engenheira? Qual é o meu verdadeiro eu – sem os papéis? Para muitos, isso se tornará uma crise de identidade. Muitas vezes reagimos com depressão a uma crise de identidade. Claro, podemos evitar a depressão

*Qual é meu verdadeiro eu?*

nos distraindo e nos enchendo de trabalho. Mas em algum momento não podemos mais evitar a pergunta: Quem sou eu sem meu papel? Qual é o meu si-mesmo, meu eu real?

Se eu me ponho essa pergunta, faz todo o sentido procurar uma boa ocupação. No entanto, ela não deve mais ser caracterizada por desempenho, por rendimento. Não preciso provar aos outros que ainda sou tão capaz quanto eles. Também devo procurar ocupações que não sejam úteis apenas para os outros. Eu também posso olhar para minhas próprias necessidades. Posso encontrar um *hobby* que seja bom para mim. Gosto de fazer caminhadas com amigos. Também me presenteio com uma viagem que até agora era apenas um sonho.

Em tudo isso é preciso a medida certa. É possível afugentar o vazio interior com viagens constantes ou com muito trabalho. Fico então orgulhoso do que ainda estou fazendo. Mas a questão é se continuo vivo por dentro, ou se é apenas agir por agir. São Bento já falava da sábia moderação (*discretio*) como a mãe de todas as virtudes. Mesmo na velhice, trata-se de encontrar o equilíbrio certo para mim. Os outros não podem me dizer isso. Eu tenho de sentir por mim mesmo qual é a medida certa para mim.

Enquanto eu tinha um emprego regular, o trabalho ditava o ritmo do meu dia. Agora tenho de encontrar meu próprio ritmo. Para muitas pessoas isso não é fácil. Elas empacam. Ou enchem o dia com atividades quaisquer. Mas justamente agora é preciso um novo ritmo que me faça bem, que traga alternância entre leitura e trabalho, entre descanso e atividade, entre solidão e convivência. E eu preciso de tempo e espaço para mim mesmo.

A nova fase da vida é também um novo desafio para a convivência de um casal. Um casal veio me procurar; o marido era diretor de escola, e a esposa, dona de casa. O trabalho do homem moldava não apenas o ritmo de sua vida, mas também a relação de proximidade e distância com sua esposa. Durante o dia, o homem estava principalmente na escola. À noite e no fim de semana eles gostavam de estar juntos. Mas agora o marido fica em casa o dia todo. Isso se torna excessivo para a esposa. Enquanto ela cozinha, o marido fica sentado na cozinha lendo o jornal. Além disso, ele não consegue esquecer completamente seu papel de diretor e passa a instruir sua esposa em tudo o que ela deve fazer. Eles, que até agora viveram bem e pacificamente juntos, entraram em crise. Durante a conversa comigo, ficou claro que essa crise não era por causa da malevolência do marido ou da imobilidade da esposa, mas simplesmente ocorreu porque a relação entre proximidade e distância ficara confusa. Então concordamos que o homem deveria se ocupar pela manhã: ou ler alguma coisa em seu quarto ou se dedicar a um *hobby* ou outra atividade interessante. A partir da tarde, eles poderiam pensar no que fazer juntos: dar um passeio ou fazer alguma outra atividade conjunta. Após a aposentadoria, é preciso encontrar uma nova relação entre proximidade e distância com a qual ambos os cônjuges possam conviver.

> *Nova convivência na vida conjugal*

> *Não há regras fixas*

Para o empregado, existem limites claros na aposentadoria. Mas não há limites externos para os autônomos, ou para os patrões. Nossa própria sensibilidade ou nossa ideia pessoal de vida influenciarão na decisão de continuar trabalhando. Talvez simplesmente tenhamos prazer nisso. Se continuarmos a administrar a empresa, os funcionários podem até ficar gratos. Mas também podemos estar ignorando o fato de que já está na hora de entregar a empresa ao filho ou filha, ou de nos empenhar por um bom plano de sucessão. Ou talvez nem percebamos como a empresa está indo ladeira abaixo. Fechamos os olhos para a realidade. E não reparamos que os outros estão há muito tempo à espera de que o velho patrão se retire porque já não estimula ninguém. E quando trabalhamos de forma autônoma, devemos sempre nos perguntar criticamente: Ainda é bom continuar trabalhando? Temos mais alguma coisa para transmitir às pessoas? Ou simplesmente não conseguimos soltar? Estamos sempre dizendo a mesma coisa? Às vezes admiramos outras pessoas que ainda estão cheias de vigor aos 80 anos, que ainda dão cursos, ainda regem uma orquestra, ainda conduzem conversas terapêuticas. Mas às vezes também temos a impressão: essa pessoa não é capaz de soltar. Ela precisa disso, caso contrário, enfrentará uma crise de identidade. Não há medida externa nem regra geral. Cada um deve sentir por si mesmo o que é bom para si. E pode ser útil e benéfico perguntar aos amigos como eles nos veem, se ainda é bom continuar ou se seria melhor parar de trabalhar e se recolher.

## Envelhecer e ser idoso

"O envelhecimento tem cura", com essa promessa no mínimo enganosa no título, um livro tenta passar a ideia de que envelhecer pode ser algo evitável, algo que equivale a uma doença e pode ser "tratado". Claro, uma vida saudável é determinada por muitos fatores – até a idade avançada: desde uma boa nutrição e exercícios até boa vida social e vitalidade interior. Nem todo mundo achará uma bela fantasia o que Mark Twain disse: "Seria infinitamente mais agradável se nascêssemos aos 80 e aos poucos nos aproximássemos dos 18". Mas o envelhecer como processo não pode ser abolido, nem mesmo revertido no sentido de um mergulho na fonte da juventude. E envelhecer tem características concretas tão diferentes e individuais quanto as pessoas são diferentes. Vivo num convento onde 25 confrades têm mais de 80 anos. Eu posso ver muitas diferenças em como cada um vive sua idade. Há alguns confrades que sofrem de demência. Além destes, há outros com mais de 90 anos, mas ainda cheios de vigor, que nunca faltam a uma oração do coro e nos quais se nota um gosto de viver, uma satisfação com a vida. E há confrades que têm nitidamente menos de 80 anos. Mas não irradiam muito mais. Tem-se a impressão de que envelheceram por dentro. Não existe uma norma de como devemos viver o envelhecer e a velhice. Mas existem alguns princípios que podem ajudar um envelhecimento próspero.

*Não há norma: cada um envelhece de modo diferente*

O primeiro princípio é não reprimir o fato de que estamos envelhecendo, aceitar que precisamos de mais tempo para algumas atividades, que nos cansamos mais rapidamente, que o corpo apresenta sinais de desgaste. No entanto, não se trata apenas de aceitar as limitações físicas. Também preciso aceitar que, à

*Reconhecer e aceitar os limites*

medida que envelheço, não desempenho mais o papel que desempenhei durante anos na comunidade ou na sociedade. Muitas coisas estão apenas passando por mim. Não estou mais informado sobre muitas coisas. Eu não estou mais sob o olhar dos outros. Tudo isso tem de ser aceito. E tenho de aceitar interiormente que, à medida que envelheço, também devo lidar com o fim da minha vida.

O segundo princípio diz respeito ao desapego. Eu tenho de abrir mão de alguns projetos que eu tinha na minha vida, alguns planos em que eu tinha concebido. Não vou mais fazer esta viagem. Eu não vou mais escalar esta montanha. Não vou mais enfrentar esse projeto, não vou mais fazer esse trabalho. Na velhice também é importante se desapegar dos relacionamentos. Muitas pessoas com quem estávamos juntos no caminho morreram. Nosso entorno está mais rarefeito. Outros companheiros de viagem ainda estão vivos, mas não dão mais notícias. Não temos mais contato com eles. Também é importante soltar essas pessoas. Elas seguem seu caminho; e nós seguimos o nosso. Acima de tudo, porém, devemos abrir mão de nossa própria influência, abrir mão de nossa própria importância. E, finalmente, trata-se de abandonar o ego. Mesmo na velhice, o ego ainda está falando. Queremos ser notados, reconhecidos, apreciados. E o ego quer provar que ainda podemos conseguir alguma coisa, que adquirimos muito conhecimento e estamos familiarizados com muitas áreas. Mas se percebermos como o ego continua pedindo a palavra, então é nosso trabalho percebê-lo e admitir que ainda giramos ao nosso redor. Mas ao percebê-lo, podemos soltá-lo. Vemos

*Soltar*

por nós mesmos como é constrangedor quando pessoas com 80 anos ou mais precisam ser constantemente o centro das atenções e falar sobre seus grandes feitos. As pessoas mais velhas, que são bons ouvintes e também falam de si quando questionadas sobre isso, parecem-nos ainda mais simpáticas: nada pretensiosas, mas empáticas e abertas a outras pessoas, opiniões e situações. Quando olham para o passado, podem fazê-lo com "orgulhoso contentamento" (Verena Kast). Eles podem se orgulhar do que alcançaram. Mas o orgulho deve se transformar cada vez mais em gratidão. Agradecemos o que conseguimos. Mas, ao mesmo tempo, reconhecemos o que nos foi dado. Somos gratos por nossa vida e gostamos de lembrar o que criamos.

O terceiro princípio consiste em perguntar: Como quero viver minha velhice? Como poderia envelhecer bem? No mosteiro naturalmente nos perguntamos: Como podemos envelhecer espiritualmente? Ainda que os confrades idosos sejam fiéis à liturgia das horas, isso não é garantia de que progredirão espiritualmente na velhice. Envelhecer espiritualmente significa tornar-se cada vez mais permeável ao espírito de Jesus, tornar-se mais relaxado e gentil, simplesmente ser, sem querer fazer algo, sem querer alcançar ou representar alguma coisa. Alguns confrades sentem a necessidade de ficar mais sozinhos. Não querem se isolar, mas sentem que envelhecer bem também requer estar sozinho. Não se trata mais de participar de todas as conversas e estar presente em todos os lugares. Estar sozinho pode me abrir para Deus. E é um desafio me tornar uno comigo mesmo – e dessa forma me tornar uno com as

*Desafios espirituais*

pessoas sem estar em contato constante com elas. O importante aqui é a unidade interior. Estar sozinho também inclui o silêncio. Ficar mais silencioso é uma necessidade.

C.G. Jung escreveu certa vez numa carta sobre sua necessidade de estar sozinho e ficar em silêncio na velhice: "Para mim, a solidão é uma fonte de cura que faz a vida valer a pena. Falar é muitas vezes um tormento para mim, e, com frequência, preciso de vários dias de silêncio para me recuperar da futilidade das palavras. Estou de partida e só olho para trás quando não há outra coisa a fazer. Esta partida é em si uma grande aventura, mas não uma da qual se queira falar minuciosamente" (*Cartas* III, 95). E a um correspondente que sofre com solidão, ele escreve: "Se você está sozinho, é porque você está se isolando. Se você for humilde o suficiente, nunca estará sozinho. Nada nos isola mais do que poder e prestígio. Procure descer e aprender a humildade e você nunca estará só" (*Cartas* III, 93). Quando as coisas giram em torno de meu prestígio, quero falar sobre ele, quero ser ouvido. Quando eu o solto, então não me sinto sozinho, mas conectado com as pessoas, unido com as pessoas. Mas essa unidade não precisa de discurso, nem de raciocínio. Simplesmente existe. E é isso o que importa na velhice: apenas ser, sem querer produzir algo. Isto causa a impressão mais duradoura nas pessoas ao redor: que um idoso está simplesmente ali, em harmonia consigo mesmo e com o mundo, sem a necessidade de se apresentar ou ter de provar algo. Ele é grato pelo que viveu. Mas ele também é grato por toda a atenção que agora recebe e pelo interesse

*Simplesmente ser, em harmonia consigo mesmo*

que os outros têm em sua vida. A gratidão cria satisfação interior. Transforma o passado num tesouro interior, que carregamos dentro de nós e guardamos com cuidado.

A compreensão central é ver minha vida sob uma luz positiva até mesmo na velhice e saber: posso não apenas aceitar o que vivi até agora, mas também conectá-lo com o que está adormecido em mim e ainda não ganhou vida em mim da maneira que imaginei. Desta forma, permaneço aberto a novas compreensões e experiências, experimento amplitude, abertura e liberdade. E é assim que me mantenho vivo por dentro, mesmo durante o processo de envelhecimento.

*Permanecer interiormente vivo*

Às vezes é bom refletir sobre como outras pessoas lidaram com o envelhecimento e a velhice. O poeta Albrecht Goes (1908-2000), ele próprio já na velhice, recorreu às últimas cartas do teólogo protestante Karl Barth – ele vê ali um exemplo em todas as mudanças – e também chamou seu poema de "Cartas da velhice de Karl Barth", pois vê um modelo nesses autotestemunhos do grande teólogo:

> Se isso é envelhecer: ser tão vasto, tão livre,
> tão sempre presente no sim e no não,
> com riso cordial, com silêncio consolador,
> tão atento ao grande, ao pequeno,
> tão próximo ao tom dos tempos, aos saltérios do eterno
> Se isso é envelhecer –
> envelheçamos então.

## Nossa própria morte como passagem

O filósofo Odo Marquard, em seu livro *Filosofia da finitude. Sobre o envelhecimento*, adverte contra a atitude de fechar os olhos para a morte: "Uma das ilusões do futuro é a ilusão do infinito". Em face da finitude de nossa vida, sentimos que nosso tempo é curto. Portanto, refletir sobre a morte é bom para nossa vida, porque ajuda a responder à pergunta sobre o que torna nossa vida valiosa como um todo, como seria viver de maneira integral. Na velhice, a escassez do tempo se torna óbvia e isso acarreta consequências. Pois agora não podemos mais evitar nossa própria morte. Trata-se de se ocupar com a própria morte, pensar na própria morte, como recomenda a espiritualidade medieval: *"Memento mori"* – "Lembra-te de que morrerás". O pensamento da morte fortalece a vida. Por isso, Bento recomenda que os monges não se esqueçam da morte por nem um dia. Isso leva a uma vida consciente perante Deus. Essa visão não é nova. Mesmo antes de Bento, muitos diziam que pensar na morte é o que nos permite viver verdadeiramente. Como sabe o filósofo romano Sêneca: "Ninguém aprecia o verdadeiro sabor da vida, exceto aquele que está pronto e disposto a deixá-la". Agostinho afirma: "É somente em face da morte que nasce o eu do ser humano" (apud Yalom, 258). E o psicólogo americano contemporâneo Irvin D. Yalom diz: "A morte é a condição que nos permite viver a vida de maneira autêntica" (Yalom, 250).

*Não se esquivar*

*Não adiar nada*

Mas pensar na morte é algo diferente de realmente se envolver com o próprio morrer. Morrer é um processo de transição. A terapeuta Bärbel Wardetzki cita Cory Taylor, que observou e descreveu com precisão seu processo de morrer. Ela diz: "Morrer não tem nada de bom. É incrivelmente triste. Mas faz parte da vida e ninguém escapa dele. Depois de entender isso, algo de bom pode advir do morrer. Ou seja, que nada mais pode ser adiado" (Wardetzki, 137). No processo de morrer, somos confrontados com nossa própria verdade. E não podemos adiar este encontro com nossa própria verdade. É frequente que velhos recalques surjam no processo do morrer, angústias antigas não enfrentadas e conflitos não resolvidos. Muitos têm medo de morrer porque têm medo da perda de controle. Eles têm medo de que surja algo dentro deles que choque as pessoas que os acompanham. Quando nos ocupamos com o morrer, também temos de abandonar a ideia de que morremos de maneira edificante, de modo que todos digam a nosso respeito: adormeceu maravilhosamente, pacificamente. É claro que todos nós desejamos morrer tal morte. Mas não temos garantia de como será nosso morrer. Também é importante deixar para Deus a maneira como morremos. Com tal atitude, soltamos a nós mesmos e a nossas ideias sobre a morte. Temos confiança de que Deus nos aceitará e nos envolverá em seus braços misericordiosos com tudo o que surgir em nosso processo de morte. Ao fazer isso, não apenas deixamos de lado nossa tendência de estar no controle, mas também nosso medo do julgamento das pessoas que nos acompanham em nosso processo de morte e que podem então perceber o que ainda não está maduro e completo em nós.

*Confiar: expectativa pela pátria*

Portanto, não devemos nos fixar na maneira como morremos. Isso não está em nosso poder. Ao lidarmos com nossa morte, devemos confiar que cairemos nas boas mãos de Deus com tudo o que é fragmentário e imperfeito dentro de nós. E devemos pensar no que nos espera. São Paulo anseia estar com o Senhor. Para ele, a imagem é reconfortante, pois na morte ele vem a Cristo. Assim, da prisão, onde deveria enfrentar a morte de maneira realista, ele escreveu aos Filipenses: "Eu tenho o desejo de partir desta vida e estar com Cristo, o que seria muito melhor para mim" (Fl 1,23). E na Segunda Epístola aos Coríntios, refletindo sobre a nossa vida aqui no estrangeiro, ele escreve: "Nós estamos cheios de confiança e preferimos deixar a morada deste corpo para ir morar junto do Senhor" (2Cor 5,8). Quando nos aproximamos de nossa morte com tais ideias – de pátria e de estar com o Senhor – o morrer perde seu caráter de horror.

As narrativas dos Padres do Deserto também exemplificam como os primeiros monges morreram. Diz-se que os discípulos do patriarca Agatão não cessavam de lhe fazer perguntas em seu leito de morte. Então ele respondeu: "Fazei-me o favor e não faleis mais comigo; pois estou ocupado". Então ele se encheu de alegria. Eles viram que ele se endireitou como alguém que cumprimenta seus amigos (*Apophthegmata Patrum* 111).

*Humildade: morremos como principiantes*

Mas, ao mesmo tempo, alguns patriarcas dizem que tudo o que fizeram até então era apenas o começo. Eles vêm a Deus como mendigos, como iniciantes. Assim diz o grande Abba Pambo no momento de sua morte: "Não sinto remorso por nenhuma palavra que pronunciei até esta hora. E, no entanto, vou ao encontro de Deus como alguém que nem começou a servir a Deus" (*Apophthegmata* 769).

Ambas as atitudes devem caracterizar nosso morrer: a alegria de passar para o mundo repleto de amor, para o mundo em que finalmente estamos em casa – e ao mesmo tempo a humildade, a confissão de que tudo de bom que realizamos em nossa vida não é algo de que possamos nos vangloriar. Morremos como principiantes e mendigos, mas podemos ter a confiança de que Deus nos envolverá em seus braços amorosos.

Mas essa passagem deste mundo para o outro não acontece apenas na morte. A tradição espiritual nos diz que, aqui em nossa vida, devemos sempre passar para o outro mundo, para o mundo de Deus. No Evangelho de João, Jesus diz que aqueles que ouvem a palavra de Deus aqui e a aceitam como realidade real já "passaram da morte para a vida" (Jo 5,24). Em cada celebração da Eucaristia celebramos a Páscoa de Jesus, a passagem de Jesus para o outro mundo. Portanto, devemos ter sempre em mente que na oração, na Eucaristia, na escuta da palavra divina, já estamos passando do mundo exterior para o mundo interior, do mundo de cá para o mundo de lá, do mundo terreno para o celestial. Aliás, para o crítico musical Joachim-Ernst Berendt, a essência da música também é uma "travessia". Ao ouvir música, podemos às vezes sentir que estamos passando deste mundo para o mundo do absoluto. Na morte se completa aquilo que pudemos vivenciar aqui repetidas vezes como passagem para o outro lado.

# 2
# *Moldando o que nos acontece: desafios pessoais e sociais*

## Solidão – sem parceira, sem parceiro, sem filhos

Em conversas de apoio, as pessoas reclamam repetidamente que não têm um parceiro, uma parceira. Eles tentaram buscar uma relação a dois. Mas de alguma maneira isso não "deu certo". Simplesmente não aconteceu. Ou nunca encontraram a parceira certa, o parceiro certo. Ou, sim, houve relacionamentos, mas todos falharam – por motivos diversos. Então essas pessoas não têm mais coragem de procurar ninguém. Especialmente quando são convidados para festas, sentem dolorosamente que não tem um parceiro, uma parceira. Também se sentem sozinhos na companhia dos outros. Às vezes nem aceitam o convite para uma festa porque temem que terão de vivenciar dolorosamente sua solidão.

*Dor e insegurança*

E há casais que deliberadamente não querem filhos, seja porque ambos estão muito ocupados com seus empregos ou porque não conseguem se imaginar desempenhando o papel de pai ou mãe. Mas com muito mais frequência ouço falar de casais que desejam ardentemente ter filhos e cuidar deles. Às vezes, eles se submetem a exames médicos e descobrem que o homem não é fértil ou que a mulher não pode ter filhos. Às vezes, os médicos não encontram nenhum obstáculo para a procriação, mas o casal simplesmente não tem sucesso. Frequentemente, cada um culpa a si mesmo ou ao outro por não se envolver para valer, por não conseguir se soltar. Alguns tentam inseminação artificial. Mas mesmo isso não é garantia de que ocorrerá uma gravidez. Algumas mulheres engravidam, mas logo sofrem aborto, por variados motivos. Isso incomoda e dói, principalmente quando o filho era tão desejado.

Contanto que seja biológica e psicologicamente possível, os casais podem continuar a esperar por um filho. Mas em algum momento é hora de o casal se conciliar com o fato de que ficará sem filhos. Para não se amargurar, esses casais devem antes de tudo se enlutar pelo fato de que seu desejo não pode se tornar realidade. Mas depois é preciso transformar esse desejo de ter filhos. O psicanalista Erik Erikson diz que a generatividade é parte essencial da saúde humana. Mas se ela não pode se concretizar na continuação da vida nos filhos, são necessárias outras formas de realizá-la. Professores, educadores podem transformar seu desejo de ter filhos por meio de sua dedicação às crianças. Eles podem ser uma bênção para as crianças, para os alunos e alunas. Outros, como tias ou madrinhas, tios ou padrinhos, se alegram com a visita das crianças. E, às vezes, eles têm a experiência de que seus afilhados ou seus sobrinhos lhes contam mais coisas do que a seus pais. Então eles podem viver seu desejo de ter filhos. Porém, mesmo assim não se podem esquecer da renúncia e da consciência: eles não são meus filhos. Eu não os prendo a mim. Eles são de meu irmão e minha cunhada, ou de minha irmã e meu cunhado.

*Realizar a generatividade de outras maneiras*

Erikson menciona outras formas de realizar a generatividade na vida. No caso de um cientista, esse caminho pode ser sua pesquisa, que ele coloca a serviço das pessoas. Para um terapeuta, pode ser o despertar da vida no cliente; para o pastor, pode ser o cuidado da alma do outro, o acompanhamento sensível pelo qual outras pessoas adentram sua forma autêntica.

A transformação do desejo de ter filhos em generatividade aplica-se a casais sem filhos e aos solteiros. Para as pessoas que não têm uma parceira, um parceiro, aplicam-se outras formas de transformação. Não posso deixar que minha solidão se transforme em isolamento. Isso não me faria nenhum bem. Mas posso moldar conscientemente o meu estar sozinho. Por exemplo, posso dar à minha casa uma configuração que expresse algo sobre mim. Quando convido as pessoas para lá, convido-as para o meu mundo. Eu moldo minha vida conscientemente, mediante rituais, mediante um bom ritmo. Cultivo uma boa cultura, vou a *shows*, ao teatro, leio muito. E me empenho pelas pessoas que precisam da minha ajuda, pelo meio ambiente, pelos animais. É importante deixar minha vida ser frutífera mesmo sem uma parceira, um parceiro. Talvez na minha solidão eu sinta ainda mais intensamente o que move as pessoas ao meu redor e o que elas necessitam.

| *Viver bem sem alguém*

O psicanalista suíço Peter Schellenbaum fala de uma tarefa espiritual quando diz que se trata de transformar, estar sozinho, em ser uno com tudo: Eu conscientemente suporto minha solidão. Mas sinto que quando estou sozinho, também sou uno comigo mesmo, uno com Deus, uno com o cosmos e uno com todas as pessoas. Em tal atitude, não me sinto isolado, mas conectado a todas as pessoas. Isso me mantém vivo.

E nesse sentido, minha vida tem impacto nas pessoas, na natureza. Tento dar minha contribuição para que, por meio de mim, o mundo ao meu redor se transforme, se torne mais brilhante, caloroso e amoroso.

### Eu sou diferente de todos

Ninguém é igual a ninguém. Por um lado, dizer que somos únicos como indivíduos é um truísmo. Mas às vezes não nos percebemos como "especiais" e "únicos" num sentido positivo; ao contrário, a experiência de ser diferente em comparação com os outros – ou de ser comparado por outros – também se torna um problema. Isso é algo valorizado demais ou até mesmo patologizado. Em conversas, ouço repetidas vezes: "Já quando criança, eu era completamente diferente. Era introvertida, gostava de me isolar, jogava sozinha. Eu via o mundo com olhos diferentes dos das pessoas em meu entorno. Quando eu dizia algo aos meus pais sobre o que via, eles ficavam com raiva e diziam que eu estava falando besteira. Ou ficavam com medo e pensavam que eu estava doente". Um homem relatou que sempre foi muito diferente de seu pai, que era trabalhador manual, aventureiro, atleta. "Desde menino, eu gostava muito de ler e sonhar acordado. Meu pai não entendia isso e, por isso, me rejeitava."

Outros vivem tudo com muito mais intensidade, mas também são muito sensíveis. Eles sentem cada tensão. São, por exemplo, sensíveis ao barulho e ficam surpresos que algo que os incomoda como ruído não significa nada para outros. Então, por meio da leitura, eles ficam sabendo que pertencem aos al-

*Quando a diferença se torna um problema*

tamente sensíveis. Às vezes, o alto nível de sensibilidade é combinado com um alto nível de talento. Pessoas superdotadas acham a escola uma coisa monótona. Então, quando vão para uma escola para superdotados, elas afloram. Mas muitas vezes pagam por seu alto talento com suscetibilidade ou vulnerabilidade. Sentem-se sozinhas e isoladas.

Ultimamente tenho encontrado pessoas autistas com frequência. Elas também se vivenciam de maneira diferente. Envolvem-se com o momento presente com bastante intensidade. Mas qualquer imprevisto as assusta. Precisam de uma estrutura clara, caso contrário ficam confusas. Precisam de muito mais energia para algumas coisas cotidianas, de mais forças para envolver-se na vida diária com todo o caos que isso implica.

Outras simplesmente não conseguem se acalmar. São classificadas como pessoas com TDAH (Transtorno do déficit de atenção com hiperatividade). Mas então sua inquietação é frequentemente patologizada. E tenta-se medicá-las e acalmá-las com Ritalina®. Com frequência, crianças ou adolescentes com TDAH tiram seus pais do sério. Portanto, é compreensível que estes queiram aliviar sua impotência com remédios que administram aos filhos.

Com todas essas pessoas que se sentem diferentes do entorno, aplica-se a mesma lei: "Só posso transformar o que aceitei". Devo primeiramente aceitar que tenho este ou aquele talento e esta ou aquela qualidade desgastante. Mas a compreensão vem antes da aceitação. Quando entendo por que sou do jeito que

*Compreender, aceitar, transformar*

sou, posso me defender. Aceitar não significa simplesmente estar satisfeito com o fato de ser autista ou altamente sensível ou ter TDAH, não quer dizer que os outros têm de me tolerar assim, pois eu vivo minha alteridade. Pelo contrário, trata-se – nos exemplos descritos, mas também em geral – de aceitar-me com minhas qualidades, mas depois esperar que eu possa mudar. A transformação não pode acontecer violentamente com uma luta frontal contra minha maneira de ser. Em vez disso, devo procurar maneiras de mudar lentamente algo em mim.

O autista, por exemplo, sabe de suas limitações. Ele simplesmente não consegue se acomodar a um ambiente caótico. Ele precisa de ordem e clareza. Se ele cuidar bem de si mesmo, poderá viver bem com seu autismo e também se tornar uma bênção para os outros. Ele também deve descobrir seus pontos fortes. Trabalhos que exigem um alto nível de concentração, mas ao mesmo tempo têm uma estrutura fixa, são adequados para ele.

Uma pessoa com TDAH não pode ser simplesmente sedada. Ela precisa de lugares onde possa dar boa forma ao seu impulso de movimento. Pode ser um esporte de equipe, como futebol ou handebol. Então seu movimento assume uma forma clara. Ou pode ser uma peça de teatro, na qual assume um papel que lhe dá uma estrutura clara. O papel da peça o vincula. Os psicólogos acreditam que o TDAH geralmente surge quando a criança precisa dar passos importantes em seu desenvolvimento para a independência. Portanto, o vínculo é saudável. Uma professora me disse que seu filho de 10 anos, que, com frequência, a deixava furiosa com sua inquietação, de repente permaneceu calmo como coroinha no altar. Isso obviamente lhe fez bem porque ele sabia que estava ligado a algo maior. A transformação não acontece por si só e automaticamente. Condições estruturais também são necessárias para que algo possa mudar no caso do autista, da pessoa extremamente sensível ou com TDAH. Às vezes, porém, a transformação acontece sozinha. Com o TDAH, a ansiedade geralmente diminui à medida que a criança cresce. O autista lentamente se torna mais aberto quando se sente seguro num ambiente familiar. E os altamente sensíveis lentamente se tornam mais relaxados quando se tratam a si mesmos com mais afeto.

Excluídos – estranheza e identidade

Existem muitas áreas nas quais as pessoas hoje se sentem excluídas em seu ambiente. Não se trata apenas de experiências subjetivas, por exemplo, quando alguém sofre com o fato de que sua própria aparência física não corresponde ao padrão norma, sentindo-se "muito gordo" ou "muito magro". Trata-se aqui, por exemplo, de um impedimento que impossibilita a participação na vida em geral. Ou da experiência da pobreza quando os recursos financeiros da família não são suficientes para que os filhos possam participar de uma excursão escolar.
Ou da experiência de mulheres que não são levadas a sério em sociedades masculinas e são postas à margem.

*Medo e preconceitos*

Ou no caso da discriminação por idade: quando alguém sente que, como pessoa mais velha, não é mais "solicitado" e é simplesmente deixado de lado. Ou, numa situação mais grave: um jovem ou uma jovem que é homossexual. Eles não ousam contar aos pais e também querem esconder isso daqueles ao seu redor. Ficam com medo dos preconceitos que lhes são lançados. Têm medo de serem excluídos de seu grupo.

Outros se sentem excluídos porque sua cor de pele é diferente e lhes é "atribuído" algo com o qual eles nada têm a ver como pessoa e como ser humano. Nasceram aqui na Alemanha, falam alemão sem sotaque, conhece a história e a cultura desse país e se sentem alemães. Mas a cor de sua pele os destaca. E muitas vezes têm a experiência de que não podem viver naturalmente com os outros. Uma menina que tem um pai iraniano me contou como ela era frequentemente provocada ou até mesmo fisicamente empurrada por colegas na escola secundária. Sua experiência era a de que seus colegas a tratavam de maneira diferente e a intimidavam. Como resultado, ela se comportava de maneira extremamente cautelosa e excessivamente ajustada, apenas para que não fosse notada. Mas isso a deixou insegura a respeito de sua identidade. Quem sou eu? O que isso tem a ver comigo? Posso ser eu mesma ou tenho de me adaptar às expectativas dos outros? Eu não estaria então me curvando?

Nos últimos anos, também se tornou visível em nosso país um fenômeno que há muito já reprimimos: o racismo. Pensávamos que só existia nos EUA ou em outros países. Mas vemos o racismo no esporte, onde os melhores atletas negros são ultrajados. Seu desempenho atlético é necessário e aplaudido. Mas, como humanos, estão sempre sofrendo insultos e ofensas. E também estamos revivendo aqui na Alemanha, na forma de ataques agressivos e ataques mortais, um antissemitismo que pensávamos ter sido superado. Mas há também a experiência da exclusão na vida cotidiana: os migrantes a vivenciam quando procuram emprego ou moradia – e um nome que soa estrangeiro é garantia de que nem serão considerados.

O estranho aliena. Mas o estranho também pode ser uma oportunidade para nos enriquecer e ampliar nossa perspectiva de várias maneiras. Porque, por meio do estranho e da pessoa estranha, entramos em contato com áreas de nossa própria alma que antes estavam ocultas e distantes de nós. Se eu não julgar o que é estranho, mas simplesmente observá-lo com curiosidade e percebê-lo, posso me conhecer melhor. Essa expansão da percepção também se aplica à cultura e à religião. As culturas estrangeiras têm sua própria sabedoria e sua especial riqueza de formas de expressão. Quando me interesso por elas, meu horizonte se expande, e meu coração também se torna mais vasto e aberto. Quando demonstro respeito a outras religiões, conheço melhor a minha própria religião. E sou desafiado a buscar minha resposta cristã para as perguntas levantadas por outras religiões. Não posso simplesmente me esconder atrás de respostas prontas. Diante do representante de outra religião, é importante formular uma resposta que eu possa justificar para ele e que suponho que ele possa entender. Hoje, o Islã e o Cristianismo frequentemente se "estranham". Quando me envolvi no diálogo com o estudioso islâmico Ahmad Mi-

*Estimar o que é estranho*

lad Karimi, fui enriquecido por sua espiritualidade (*No coração da espiritualidade. Como muçulmanos e cristãos podem se encontrar.*). E alegrou-me quando o interlocutor muçulmano disse numa discussão que esse encontro o fez ver as igrejas cristãs, que antes lhe pareciam um pouco sombrias, com novos olhos e que também ficou profundamente tocado com minha visão da cruz e da ressurreição. Hoje há uma grande oportunidade para nos enriquecermos mutuamente no diálogo entre culturas e religiões. E é nossa responsabilidade ter esse diálogo. A alternativa seria a condenação mútua e um "choque de civilizações". Mas isso prejudica o mundo inteiro.

*Diferenças enriquecem*

As diferenças significam enriquecimento, na medida em que diferentes perspectivas e diferentes experiências exercem efeito e ampliam a percepção. Isso não se aplica apenas à atenção diversificada que as diversas disciplinas prestam a outros aspectos importantes, por exemplo, nas diferenciadas competências especializadas de médicos à beira do leito de hospital, ou na cooperação de cuidado pastoral e terapia no acompanhamento de uma pessoa. Também se aplica na cooperação diária entre as pessoas: jovens e velhos, novos e curiosos com funcionários experientes, peritos, homens e mulheres em equipe. Em algumas empresas e também em muitas comunidades já existe uma boa integração das diferentes culturas. As empresas experimentam a riqueza decorrente do trabalho em conjunto de diferentes idiomas e culturas. Mas isso requer muita abertura para a alteridade de uma cultura. A prontidão de se envolver com o outro também é necessária para que a união seja bem-sucedida. As empresas que integram funcionários de diferentes cores de pele e diversas culturas dão uma importante contribuição para a humanização da sociedade. As comunidades eclesiais também podem promover a integração. Há coroinhas negros. Frequentadores de igreja de diferentes países se reúnem e mostram visivelmente a vastidão da Igreja. Mas não é necessária apenas a prontidão dos agentes pastorais, mas também a da comunidade para que a integração seja bem-sucedida. Quando a integração tem êxito, as comunidades e as empresas a vivenciam como um grande enriquecimento. A estranheza das culturas nos faz lembrar de possibilidades e habilidades que também estão dentro de nós, mas que muitas vezes nem percebemos. Ela pode se tornar uma frutificação mútua.

### Ruptura de relacionamentos – perda de confiança

A alienação também pode ocorrer entre pessoas que se conhecem. Em conversas, muitas vezes ouço histórias sobre rupturas repentinas nos relacionamentos. Uma mulher se apaixonou por um homem, que retribuiu o amor. Eles passaram férias juntos. Foi tudo maravilhoso. A mulher achou que ele era o homem de sua vida. E o homem admirava a mulher, elogiava sua beleza, dizia que ela superava todos os seus sonhos. Assim, ambos se deleitavam com a alegria desse amor. Já falavam sobre um possível casamento. Mas de repente o homem some. Ele não responde mais a e-mails ou mensagens de texto. E de repente, do nada, chega uma curta mensagem de texto dizendo que

| *Do nada*

ele terminou o relacionamento, que ela não é a pessoa certa para ele. A mulher não sabe mais o que fazer, mas não tem chance de discutir seu relacionamento com ele. Ele recusa qualquer conversa.

Essa mulher ainda tem esperança de que o homem mude de ideia. Mas é uma esperança vã. Ela não pode mais se aproximar dele. E também não sabe o que fazer nessa situação. Ela duvida de seu conhecimento da natureza humana. Ela ignorou alguma coisa? Não percebeu que esse homem é incapaz de um relacionamento? Ou talvez ela mesma tenha causado a separação? Ela era tão pegajosa que ele não conseguia aceitar bem a proximidade que ela buscava? Ela se culpa. Mas ela também não reconhece o que fez de errado. Pois as experiências do amor recíproco foram tão profundas que tiraram de seu coração todas as dúvidas.

*Ganhar distância interna – reconhecer padrões*

Em tal situação, é importante observar com sobriedade e distância interior o que aconteceu. Nesse tipo de reflexão, essa mulher deveria obviamente considerar se ela teve alguma dúvida no início do relacionamento. Talvez ela tenha reprimido as dúvidas porque precisava de um relacionamento. Talvez ela suspeitasse de alguns comportamentos seus, mas os ignorou. Ela pensou que seu amor iria curar todos os comportamentos estranhos. Mas ela se sobrecarregou com isso. Sua própria carência a cegou para os lados de sombra do namorado.

Em tais situações, sempre pergunto aos envolvidos quais lembranças esse rompimento da relação deflagra. Às vezes, inconscientemente, repetimos situações da infância. Por exemplo, uma mulher continua conhecendo homens que a desvalorizam depois de um tempo. Ao refletir sobre isso, ela percebe que seu pai já vivia esse padrão de desvalorizar a mãe e a ela própria quando jovem. Sigmund Freud fala da compulsão à repetição. Sempre repetiremos tais situações. Portanto, devemos enfrentar a experiência original e a dor que ela nos causou. Lembrar não elimina, por si só, a compulsão de repetir. Mas a lembrança pode nos tornar mais sensíveis para não continuarmos sendo atraídos por homens que se parecem com nosso pai. É importante trabalhar sobre as experiências antigas, discuti-las com um terapeuta ou um cuidador de alma para compreender com mais precisão os mecanismos que aconteceram ali. Alguns se sentem amaldiçoados porque seus relacionamentos não dão certo. Mas isso não tem nada a ver com uma maldição, mas com a compulsão de repetição. Se eu descobrir esse padrão em mim mesmo, posso lidar com ele com mais cuidado no futuro, de modo a ficar livre dessa compulsão de repetir indefinidamente velhas situações e padrões.

Outra coisa é importante: não devo buscar toda a culpa em mim, mas observe atentamente: Esse homem tem um padrão típico de se envolver em relacionamentos e não se manter neles? Ele tem medo de vínculo, medo da proximidade? Por que ele tem medo de intimidade? É, em última análise, o medo de que a namorada descubra lados de sombra, fraquezas, erros? Ele queria minha proximidade enquanto pudesse me impressionar – mas assim que desejamos ser honestos sobre nós mesmos, ele se escondeu atrás de sua máscara?

*Esclarecimentos necessários*

*Nova liberdade interior*   Essa percepção deve nos tornar mais vigilantes no futuro, para não nos apaixonarmos imediatamente pela outra pessoa. Porque a paixão nos deixa cegos. Devemos perceber o amor – mas também notar nosso parceiro: da maneira como ele é. Alguns ficam com medo de se envolver com uma namorada, um namorado no futuro. Pensam que eles próprios são incapazes de relacionamentos porque isso acontece com eles repetidamente. Mas aqui também não adianta nos culparmos e nos enfraquecermos com sentimentos de culpa. Em vez disso, devemos reconhecer o que está acontecendo em nós e o que está acontecendo com o outro. Então o amor ficará mais claro, e poderemos ver se é sustentável.

E então devemos nos confrontar com o pensamento: Por que desejo tanto um relacionamento? Não posso ficar sozinho? Não me sinto valorizado o suficiente na sociedade se permanecer solteiro? Portanto, devo também considerar a possibilidade de ficar sozinho. Se eu for capaz de ficar bem sozinho, então posso confiar em meu anseio por um relacionamento. Mas esse anseio não vai satisfazer minhas necessidades infantis de ser reconhecido na sociedade ou de ter alguém ao meu lado para aumentar minha autoestima. Se eu me reconciliar com a ideia de poder viver sozinho, irei experimentar uma liberdade interior. Também poderei desfrutar a condição de estar sozinho. No entanto, não devo me contentar com a solidão. Alguns idealizam sua solidão para reprimir o desejo por uma parceira, um parceiro, mas isso não leva a lugar algum. Se eu me reconciliar com a solidão, posso esperar encontrar alguém que seja a pessoa certa para mim.

Portanto, a primeira tarefa que enfrentamos quando um relacionamento termina é a reconciliação com nossa solidão. A segunda tarefa seria superar a perda de confiança. Muitas mulheres então dizem: "não posso mais confiar em homem nenhum. Não posso mais me envolver em um relacionamento por medo de ser magoada e abandonada novamente". Para escapar da dor, essas pessoas não assumem mais um relacionamento. É compreensível que a confiança delas tenha inicialmente sofrido uma ruptura. Elas não confiam mais em seus próprios sentimentos. E têm medo de confiar em outra pessoa. Mas, se elas se fecham completamente, também tornam impossível qualquer relacionamento. É importante ter mais cuidado ao lidar com a confiança. Eu me envolvo, mas não totalmente. Observo meus sentimentos quando estou com ele. Eu presto atenção em como ele fala comigo e como ele fala sobre os outros. Se ele falar desrespeitosamente dos outros, terei cuidado. Porque então também não vou confiar muito nele. Pois ele poderia falar sobre mim. O mesmo se aplica aqui: "O teu falar te denuncia", como o povo no pátio do sumo sacerdote diz a Pedro (cf. Mt 26,73). Mas se a linguagem revela uma alma confiável, então podemos nos envolver um pouco mais com a outra pessoa. A confiança deve crescer. Não devemos depositar imediatamente toda a nossa confiança no outro. Caso contrário, caímos na mesma armadilha do último relacionamento. Mas não devemos de forma alguma recusar relacionamentos para nos protegermos de danos. Porque é assim que nos machucamos.

*Superar a perda de confiança*

*Ruptura de uma relação familiar*

Relacionamentos rompidos não acometem apenas casais. Eles podem ocorrer especialmente em famílias. Ouço repetidas vezes casos de filhos que rompem relação com os pais, ou negam o contato entre os avós e os netos. Muitas vezes, a única coisa que ajuda é apresentar a própria impotência a Deus em oração e pedir-lhe que esclareça o incompreensível e o obscuro, fortalecendo assim também a esperança de que o relacionamento seja curado.

*Amadurecimento da capacidade de se relacionar*

Uma mulher me relatou que sua irmã cortou relações com ela, depois que ela uma vez se defendeu de suas críticas duras e humilhantes. Dói aceitar isso. Aqui também é importante que ela lamente essa perda e, por meio da tristeza, chegue ao fundo de sua própria alma, onde ela é completamente ela mesma e também sente seu valor e sua singularidade. Eu lhe disse: "Quando você, em meio à sua solidão, entra em contato com essa imagem interior, você também se torna uma bênção para as pessoas ao seu redor. Você olha para os outros como uma mulher que vê mais fundo, porque você também conhece a dor. Você tem algo a dizer às pessoas. E você tem um valor inviolável. Tenha a confiança de que seu destino será uma bênção para os outros".

Por mais dolorosos que sejam esses rompimentos de relacionamentos e por mais que a perda da confiança nos perturbe, não devemos deixar que isso nos paralise. Em vez disso, é importante ver a ruptura como o início de um processo de mudança. Meu relacionamento comigo mesmo está mudando, como também meu relacionamento com outras pessoas. E por meio das experiências dolorosas, descubro cada vez mais quem eu sou. Esse é o objetivo da transformação, reconhecer meu verdadeiro eu e vivê-lo. Assim, desaparece o medo de perder a confiança novamente ou de passar por outro rompimento de relacionamento. Quando entro em contato comigo mesmo, um processo de amadurecimento pode começar em mim, tornando-me mais livre e independente. Nesse momento, não me sinto um fracassado, mas alguém que cresceu e se desenvolveu, por meio de experiências dolorosas, para assumir sua forma originária.

## Lidar com a culpa

Existem muitas situações em que nos tornamos culpados. Normalmente, não cometemos | *Causas e situações*

conscientemente um ato no qual incorremos em culpa. Muitas vezes caímos na culpa involuntariamente. E ainda assim nos tornamos culpados. Estamos dirigindo o carro e vemos alguém acidentado à beira da estrada. Mas estamos com pressa. Não paramos, seguimos adiante. Depois nos sentimos culpados. Ou estávamos desatentos ao volante e causamos um acidente. Também precisamos admitir para a polícia que somos culpados pelo acidente. A culpa se torna um fardo quando alguém fica gravemente ferido ou até mesmo morre no acidente. Não podemos simplesmente nos livrar dessa culpa. Ela nos persegue. E precisamos viver com ela, lidar com ela.

Na empresa, podemos nos tornar culpados se não formos completamente honestos, se enganarmos a repartição de finanças ou um cliente, ou se desviarmos dinheiro. Alguns que desviam dinheiro dizem então: "Eu resvalei para isso de alguma maneira e depois não pude mais sair". Nos relacionamentos, frequentemente ferimos o outro e nos tornamos culpados em relação a ele. Às vezes, temos a sensação: Eu o magoo conscientemente. Mas na verdade, estou sendo impelido pela minha própria mágoa. Estou como sob uma compulsão para me vingar do outro porque ele me machucou. O psicoterapeuta Albert Görres certa vez disse que, quando magoamos o outro, muitas vezes estamos acertando contas antigas com o devedor errado. Na verdade, esse ataque é direcionado ao nosso pai, nossa mãe ou outra pessoa em nossa história de vida. Nós apenas o desferimos contra aqueles que estão próximos a nós. Uma ferida profunda nasce quando sou infiel ao meu cônjuge. Na ocasião da traição, não penso primordialmente na minha culpa. Simplesmente sigo a fascinação que outra mulher ou outro homem desperta em mim, ou deixo-me ser controlada, controlado pela minha avidez. Só depois percebo que estou ferindo profundamente minha parceira/ meu parceiro e me tornando culpado em relação a ela/ele. E também me torno culpado em relação à mulher estranha e ao homem estranho com quem me envolvi.

A questão é: Como lidamos com nossa culpa? Muitos tentam reprimir a culpa. Mas então se tornam duros e insensíveis. Ou atribuem a culpa a outros. Tentam se "desculpar" ao descrever as circunstâncias de tal maneira que não se mostram responsáveis por nada. Negam a responsabilidade. Outros carregam o peso da culpa. Não conseguem se libertar dela, se consomem em sentimentos de culpa e adoecem por causa disso. Sentimentos de culpa – como nos conta a história de Caim e Abel – nos fazem perambular sem descanso. Alguns entram em pânico diante do silêncio, porque têm medo de que os sentimentos de culpa voltem a aflorar neles.

Jesus nos mostra, numa parábola provocativa, como devemos lidar com nossa culpa. É a parábola do administrador astuto (Lc 16,1-8). Esse administrador é acusado de dissipar a fortuna de seu senhor. Querendo ou não, cada um de nós vai dissipar algo do que Deus lhe confiou: seus talentos, suas possibilidades. A questão é como lidamos agora com nossa culpa. O administrador tem um diálogo consigo mesmo. Ele descarta duas possibilidades que todos conhecemos bem. A primeira possibilidade é: o trabalho árduo. Nossa reação à culpa muitas vezes é cerrar os dentes, com a determinação de viver perfeitamente e sem cometer erros a partir de hoje. Mas não conseguimos. Isso nos torna rígidos por dentro. Nós nos isolamos da vida e julgamos severamente outros que se tornaram culpados. A segunda possibilidade é: mendigar. Nós nos diminuímos e mendigamos por atenção e perdão. Mas, nesse processo, perdemos toda a autoestima. Jesus nos mostra um terceiro caminho. O administrador pensa sobre o que deve fazer. Então ele chama os devedores e perdoa uma grande parte da dívida de cada um.

*Reprimir - negar – automutilação*

Ele afirma, por assim dizer: "Vocês são culpados, eu sou culpado, vamos dividir a culpa". Nesse processo, o administrador considera: Então, os devedores do meu senhor me receberão em suas casas. Jesus elogia a sagacidade desse administrador.

*Uma parábola provocativa*

Ele não elogia seu comportamento injusto, mas seu discernimento: Eu não posso pagar minha culpa, minha dívida, nem com trabalho árduo, nem mendigando. Minha única resposta é: tornar-me humano entre os humanos, descer do trono da autossuficiência e não me colocar acima dos outros, mas também não me diminuir completamente e negar meu próprio direito à existência.

Jesus justifica seu elogio com a observação: "Pois os filhos deste mundo são mais habilidosos para com os seus semelhantes do que os filhos da luz" (Lc 16,8). A expressão "filhos da luz" era um termo usado naquela época para se referir aos essênios: um grupo de judeus devotos que expulsava impiedosamente de sua comunidade qualquer pessoa que violasse suas normas. Com essa palavra, Jesus está dizendo aos seus discípulos: Não será assim entre vós. Deveis acolher-vos mutuamente em suas casas e a entrar nas casas dos outros com integridade, sem excluir uns aos outros. Naturalmente, a base desse comportamento é a confiança de que Deus perdoou minha culpa. No entanto, conheço muitas pessoas que acreditam que Deus lhes perdoou, mas não conseguem perdoar sua culpa a si mesmas. Elas passam a vida carregando uma aura de penitência. Mas assim emanam algo depressivo e, às vezes, até agressivo. Elas não permitem que os outros desfrutem da vida. Jesus nos convoca a nos reconciliarmos com o fato de termos caído em culpa. Não devemos reprimir a culpa, mas admiti-la para nós mesmos. No entanto, devemos reagir a ela de forma a tratar os outros com humanidade e compaixão, sem condená-los. Somente assim é possível viver com a culpa, sem reprimi-la e, ao mesmo tempo, sem nos isolarmos da vida.

Em nossa sociedade vivenciamos diferentes formas de lidar com a culpa. Uma forma é o recalcamento. Não deixamos a culpa chegar até nós. Às vezes, isso é como uma proteção contra o desespero. Pois se eu confrontasse minha culpa por ter causado a morte de alguém num acidente, eu não poderia seguir vivendo. Outra forma é atribuir a culpa a outras pessoas, projetando-a sobre determinados "bodes expiatórios". Quando alguém comete um erro ou não corresponde às nossas expectativas, nós o insultamos, o condenamos como um ser inumano. No entanto, essa projeção da nossa culpa em outros não nos liberta de nossa própria culpa. Ela nos torna condescendentes conosco mesmos. E, ao projetarmos, acabamos carregando novas culpas sobre nós mesmos. O único caminho que pode nos ajudar a viver com nossa culpa, sem recalcá-la e sem perder todo o autorrespeito, é o caminho que Jesus nos mostra: assumir nossa culpa e transformá-la num relacionamento misericordioso com outras pessoas, deixando de julgar os outros e nos colocando ao mesmo nível deles. Os monges antigos mostravam entendimento dessa mensagem de Jesus quando diziam: "Se vires alguém cometendo um pecado, toma-o como um espelho para ti mesmo e diz: Eu pequei". Nessa atitude, vivemos com humildade, mas ao mesmo tempo seguimos nosso caminho com integridade, junto com as pessoas.

*Humilde e íntegro*

Claro, é importante distinguir entre a compreensão da culpa e os sentimentos de culpa com os quais nos atormentamos. A compreensão da culpa é uma parte essencial do ser humano. Quando compreendo minha culpa, eu a mantenho e assumo a responsabilidade por ela. A compreensão da culpa tem um poder transformador. Porque me desafia a responder ativamente à minha culpa, seja pedindo desculpas ou fazendo reparações. Aquele que recalca sua culpa torna-se duro por dentro e fica estacionado. Nada muda nele. Ele foge de si mesmo. Mas quem reconhece sua culpa embarca num caminho de transformação. Torna-se mais humilde, mais claro, mais consciente, mais honesto e mais alerta para situações em que pode se tornar culpado novamente.

Estresse causado por mudanças de local e de casa

A incerteza tem muitas razões. Na era da mobilidade social, muitas pessoas precisam abandonar seu lugar costumeiro e se mudar. Pode ser que alguém esteja apenas se mudando de um apartamento para outro na mesma cidade. No entanto, também pode ocorrer uma mudança de local mais significativa. Por exemplo, alguém pode precisar se mudar de Hamburgo para Munique ou vice-versa por motivos profissionais. Jovens moram no exterior durante seus estudos e talvez também busquem emprego no exterior e decidam permanecer lá. Para os idosos, a experiência é ainda mais radical quando precisam se mudar para uma casa de repouso e se tornam bastante dependentes de pessoas que os acompanham no processo de despedida da vida vivida até então.

*Despedir-se* | Nenhuma mudança de local nos passa despercebida. Onde morávamos, desenvolvemos uma sensação de lar, de pertencimento, algumas pessoas mais do que outras. Mas muitas coisas se tornaram familiares para nós. Agora, precisamos nos mudar para um lugar ainda desconhecido. É preciso dizer adeus às pessoas com as quais construímos relacionamentos mais próximos. E também é preciso dizer adeus a muitas coisas que se acumularam em casa. Quando nos mudamos e esvaziamos o antigo apartamento, percebemos quantos objetos acumulamos ao longo do tempo. Leva tempo para se despedir disso. Alguns levam tudo para o novo apartamento. Mas então as caixas muitas vezes ficam paradas por meses sem serem esvaziadas. Muitas coisas já não têm mais lugar no novo apartamento. Portanto, é necessário pegar os diferentes objetos que se acumularam e lembrar o que eles significam para mim. E então posso decidir se os dou de presente ou os descarto. Muitas pessoas têm dificuldade em se separar de coisas velhas. Alguns que têm um trabalho mais mental, como professores e líderes comunitárias, pensam: "Eu ainda posso precisar disso. Esse modelo pode me ajudar em meu trabalho na escola ou na comunidade". E, desse modo, eles não conseguem se desvencilhar das coisas e carregam tudo consigo. Eles não conseguem abrir mão de objetos ou de seus trabalhos escritos.

Por isso, para algumas pessoas a mudança está associada ao estresse emocional. Ao se despedirem, eles processam o tempo que viveram neste lugar. E refletem: O que eu realmente necessito no novo lugar? O que devo deixar para trás, sem ficar com a consciência pesada? Onde eu gostaria de introduzir outras ênfases conscientemente? Ou: Eu quero decorar minha nova casa exatamente como antes? Não estou disposto a me abrir para algo novo, até mesmo para uma nova forma de organizar minha casa?

A despedida da antiga casa é sempre também a despedida de uma fase importante da minha vida. É bom revisitar essa fase. Isso pode ser feito em um ritual conjunto, onde as pessoas contam umas para as outras o que viveram neste lugar e neste apartamento, o que se desenvolveu nelas. Em seguida, é necessário valorizar e deixar ir o que vivemos. Então, podemos pensar juntos no que nos espera no novo local. Aqui não se trata apenas de coisas externas, como novo trabalho ou novo apartamento, mas também de como devemos nos transformar internamente. Perguntamos a nós mesmos: Até que ponto o tempo que passamos aqui no antigo apartamento nos transformou? E qual é o próximo caminho de desenvolvimento interno? Em que consiste a oportunidade de se mudar para um novo lugar, deixar ir o antigo e se abrir para o novo?

*Rituais podem ajudar*

É bom verdadeiramente encerrar algo antigo e despedir-se por meio de um ritual. Isso também se aplica quando um filho ou filha se muda, saindo da antiga casa. Um pai me relatou: quando a filha partiu para estudar numa cidade desconhecida, não houve tempo para celebrar uma despedida adequada. Após três meses, o pai teve de buscá-la, pois ela estava deprimida. Ela não tinha se despedido das coisas antigas e, portanto, era incapaz de se abrir para as novas. O antigo deve ser valorizado para que o novo possa crescer. E o antigo também precisa ser lamentado. Afinal, é doloroso deixá-lo partir. Se não lamentarmos o antigo, nós vamos continuar chorando sua perda constantemente. Essa lamentação constante nos drena toda a energia. Por outro lado, o lamento nos abre para o novo que está por vir.

Quando uma família ou uma pessoa se muda para a nova casa em lugar diferente, também é necessário um ritual. Um ritual poderia consistir numa conversa depois de dois ou três dias: Quais são as primeiras impressões? O que nos alegra? O que ainda nos parece estranho? O que devemos abordar nas próximas semanas? Um bom ritual também seria abençoar a nova casa. Pode-se convidar o padre para isso, mas também é possível abençoar a casa por conta própria. Transitamos com água benta pelos cômodos e fazemos uma oração de bênção em cada ambiente: O que desejo para a sala de estar, para o quarto, para a cozinha, para o escritório? É bom viver em espaços abençoados: que nossa convivência seja abençoada, que tenhamos um sono abençoado, que tudo o que é preparado na cozinha seja uma bênção para os moradores e que Deus abençoe nosso trabalho, para que ele emane bênçãos para os outros. Em seguida, pode-se aspergir água benta em cada ambiente, como um símbolo de que os espaços estão sendo purificados de forças negativas e preenchidos com o amor de Deus.

Então também se trata de estabelecer novos relacionamentos no novo local, com os vizinhos, com a comunidade paroquial, com as associações locais. O trabalho também

| *Estabelecer novos relacionamentos* |

oferece a oportunidade de criar relações com os colegas de trabalho. Quando as crianças estão na creche ou na escola, existem boas oportunidades nesse ambiente para estabelecer novas conexões. Nesse processo, inconscientemente, faremos comparações repetidamente: era mais fácil criar relacionamentos no lugar antigo. Aqui tudo parece tão rígido. Não encontramos pessoas simpáticas. Nesse momento, é importante abandonar a tendência de julgar e comparar tudo. Aqui existem pessoas diferentes e novas. E eu tento me abrir para essas pessoas. E peço a Deus que abençoe minha presença neste lugar e todos os meus relacionamentos, para que seja um tempo bom e abençoado, apesar de todas as mudanças.

Atravessar uma doença grave

As pessoas ficam doentes mesmo tendo levado uma vida saudável. E quando ficamos doentes, muitas vezes temos de lidar com culpabilizações. Uma pessoa fumava, outra não se exercitava o suficiente ou não seguia uma dieta vegetariana. Ou não fez exames preventivos. Quando adoecemos, também nos sentimos inseguros. Surgem medos sobre a gravidade da doença e se seremos capazes de lidar bem com ela. É bom enfrentar essa incerteza. Não podemos garantir nossa saúde, nem por meio de uma alimentação saudável nem de um estilo de vida saudável. A incerteza faz parte da nossa vida, assim como a percepção de que é sempre uma dádiva quando conseguimos permanecer saudáveis.

*Incertezas e medos*

De fato, é compreensível e legítimo que alguém afetado por uma doença grave questione seu destino e até mesmo se revolte contra Deus. É o que faz o doente no Salmo 38, que diz: "Estou fraco e completamente abatido; gemo de angústia no meu coração" (Sl 38,9). Mas, após todas as suas queixas, ele se volta para Deus, pedindo que o ajude: "Não me desampares, Senhor; meu Deus, não te alongues de mim. Apressa-te em meu auxílio, Senhor, minha salvação" (Sl 38,22). Portanto, posso tentar apresentar minha doença, minha impotência e minha incerteza a Deus – e imaginar que estou nas boas mãos de Deus e que não cairei para fora delas.

Quando eu mesmo fiquei hospitalizado alguns anos atrás com câncer de rim, muitos pensamentos também invadiram minha mente. A pergunta angustiante que me incomodava era: Eu sempre vivi em harmonia comigo mesmo – Por que agora essa doença? A experiência dessa crise de saúde destruiu minha ideia de que eu não ficaria doente se meditasse o suficiente e vivesse em paz interior comigo mesmo e com Deus. A doença me mostrou claramente uma verdade: minha vida é limitada. Essa doença também pode levar à morte. Tive de me familiarizar com esses pensamentos e aceitá-los. Mas então, com meus pensamentos caóticos, também me voltei para Deus. Apresentei a Deus como eu me sentia, sem reservas. Em oração, eu disse: "Assim sou eu, tão inseguro, tão caótico, tão cheio de dúvidas, apesar da minha prática espiritual". Mas então, também surgiu em mim durante a oração a esperança de que estou nas boas mãos de Deus. E assim, com esperança, pude orar o pedido do Pai Nosso "Seja feita a tua vontade". Eu não tremi nem implorei a Deus para que me ajudasse a todo custo, e que eu deveria viver por muito tempo, pois ainda tenho muito a fazer. Eu me rendi à vontade de Deus, mas com a esperança de que sua vontade para mim

*Pensamentos caóticos e esperança*

é a melhor. Naturalmente, havia em mim a esperança de que o poder curativo de Deus, por meio do conhecimento e habilidade dos médicos, me tornaria saudável.

Quando a operação se mostrou bem-sucedida e ficou claro que o câncer não tinha se espalhado, eu também fiquei muito grato. Isso fortaleceu minha esperança de que eu passaria bem pela doença.

Isso ocorreu há mais de sete anos, e agora eu vivo com um rim, grato pela saúde que Deus me deu. Nos últimos anos, tive vários problemas de saúde. Eu não fiquei desapontado. Sempre havia confiança e esperança de que Deus me guiaria bem através dessas doenças. É claro que eu também seguia as orientações médicas e tomava os medicamentos necessários. Mas ao mesmo tempo, eu sabia que apenas os medicamentos não curam. Também é preciso confiar no amor curador de Deus.

Na minha doença, também li sobre a compreensão da doença e cura entre os Padres da Igreja. Encontrei uma bela imagem em Clemente de Alexandria: Jesus como médico que cura nossas doenças. Clemente diz: "Às vezes, o médico também precisa administrar remédios amargos para que possamos realmente recuperar a saúde". Mas, ao mesmo tempo, Jesus é para ele o educador que fortalece nossa alma e nos conduz a um nível diferente. Clemente o entende como o Mestre que nos permite reconhecer a verdade. O que essa imagem me diz: "Na doença, tenho esperança em Jesus, o médico que me cura e me torna saudável. Mas, na doença, também vejo Jesus como alguém

*Cura e educação*

que me liberta das ilusões que eu tinha sobre mim mesmo e me eleva a um nível diferente: ao nível do meu relacionamento com Deus". Eis a visão otimista do Padre da Igreja: Com a doença, Jesus, como educador, quer me mostrar que há mais do que saúde física. Trata-se da saúde da alma, de um bom relacionamento com Deus, que cura a minha alma. E, em última instância, trata-se do conhecimento da verdade. Essa visão de Clemente libertou-me das autorrecriminações de que eu não deveria ficar doente se eu levasse uma vida espiritual adequada. Nessa perspectiva, não há lugar para autorrecriminações. Em vez disso, ela me abre para a ação de Jesus em mim, liberta-me para a esperança de que Jesus está agindo para a minha cura.

A atitude mais importante que precisamos ter diante da doença é a esperança. A esperança é mais do que aguardar. Se eu aguardo estar saudável na próxima semana, posso ficar desapontado. A esperança não pode ser decepcionada. Por um lado, sempre devemos e podemos ter esperança num milagre de cura. A esperança ajuda-nos a não desistir de nós mesmos em caso de doença. Em todo caso, atravessaremos bem o período da doença: esperançosamente como pessoas saudáveis, mas, ao menos, como pessoas transformadas. Essa esperança de sermos transformados pela doença, de sermos abertos de uma nova maneira para Deus, não pode ser decepcionada. Devemos considerar o que os latinistas dizem: *"Dum spiro spero"* – "Enquanto respiro, tenho esperança". E devemos viver a fé, com base na qual o filósofo grego Heráclito pôde dizer: "Aquele que não espera o inesperado, não o encontrará".

| *Esperança e coisas inesperadas*

## Separações – divórcios

Quando um parceiro se separa do outro e essa separação se torna definitiva com o divórcio, o mundo costuma desabar para ambos os parceiros. O sonho de vida que eles compartilhavam se desfaz. Os sentimentos que afligem os parceiros separados podem ser muito diferentes. Há uma grande dor pelo fato de o amado parceiro simplesmente partir. A mulher ainda o ama e é difícil aceitar que esse amor agora chegou ao fim. Então, muitas vezes surge uma grande raiva: raiva em relação ao parceiro que me deixou sozinha, raiva pelo fato de eu ter feito tanto por ele, talvez até ter me sacrificado, para que ele pudesse progredir em sua carreira. E agora, todo o esforço que fiz por ele foi em vão. Então, surgem também sentimentos de culpa: Será que eu deveria ter me esforçado mais, entendido melhor, dedicado mais tempo a ele? Sinto-me um fracasso. Não consegui manter esse casamento, no qual entrei com tanta confiança e entusiasmo. Minha autoestima cai a zero: Não sou digna de que ele fique comigo? Não sou suficientemente digna de amor? Quem sou eu sem o meu parceiro, sem minha parceira? Os homens se sentem profundamente ofendidos quando são abandonados pela esposa. Eles têm a impressão de ter feito tudo por ela e pela família. Trabalharam duro para ganhar dinheiro suficiente para a família. E também têm a impressão de que se relacionavam bem com a esposa. Mas aparentemente nada disso importa. Às vezes, eles também sentem que sua honra foi ferida. Eles tinham o sentimento de que sua esposa era sua propriedade, da qual

*Um mundo colapsa*

podiam se orgulhar. Agora, a esposa quer seguir seu próprio caminho, independente do marido.

Existem separações em que ambos os parceiros tentam lidar de maneira justa um com o outro. Eles se despedem um do outro, mas valorizam o tempo que passaram juntos e respeitam um ao outro, desejando reciprocamente um bom caminho para o futuro. No entanto, também existem separações em que ambos os parceiros lutam longa e amargamente um contra o outro. Há a conhecida "guerra dos Rosas": eles culpam um ao outro pelo fracasso da relação. Mulheres frequentemente vivenciam situações em que os homens tentam escapar de suas responsabilidades financeiras usando truques. Eles contratam um advogado astuto que faz ameaças sérias contra a esposa. Nesse caso, a mulher não tem escolha senão também contratar um advogado para lutar em seu nome, pois caso contrário, ela seria passada para trás. E o homem continuaria sendo o vencedor também após a separação. Isso seria uma nova ferida.

| *Ferimentos e sentimentos intensos*

Após a separação, as pessoas passarão por um vale de lágrimas e tempos sombrios de intensas explosões emocionais. No entanto, é importante reagir ativamente à separação. Não faz sentido apenas lamentar o fim do relacionamento. Tal lamento retira toda minha energia. Em vez de lamentar o passado, devo lamentar o fracasso do meu casamento. Lamentar significa: permito-me sentir a dor da separação, mas não fico preso nessa dor. Reconheço a dor e tento atravessá-la até o âmago da minha alma. Ali existe um espaço de silêncio ao

| *Reagir e lamentar ativamente*

qual a dor não tem acesso. É também um espaço ao qual as mágoas e acusações do meu ex-marido, minha ex-mulher não têm entrada.

A raiva também faz parte dessa lamentação. Eu tenho permissão para sentir raiva daquele que me deixou. A raiva é a força que me distancia dele, que me liberta do poder do outro. Algumas pessoas continuam girando em torno da parceira, do parceiro, e estão sempre sendo novamente machucadas.

*A lamentação inclui também a raiva*

A raiva é, ao mesmo tempo, a força para expulsar o outro de dentro de mim. E devo transformar essa raiva em ambição: eu posso viver por conta própria. Vou mostrar-lhe que posso viver sem ele também. Tenho forças internas e habilidades que agora vou desenvolver. Então vou provar-lhe que não posso depender apenas de sua misericórdia. Dessa forma, não permaneço preso no papel de vítima, mas me torno ativa e tomo as rédeas da minha própria vida.

*Depois da ira: fazer uma pausa*

Após essa fase de ira, vem o momento de fazer uma pausa. Eu revisito minha história de vida. Quais habilidades e sonhos de vida eu abandonei por causa do meu relacionamento? E o que quer voltar a florescer dentro de mim agora? O que negligenciei em consideração ao parceiro? E do que sinto vontade agora? Ao reagir ativamente à separação dessa maneira, eu me despeço do papel de vítima, como Verena Kast o chamou. No papel de vítima, ainda dependo do parceiro e me enfraqueço. Ao me despedir do papel de vítima, adquiro energia suficiente para redesenhar minha vida.

Com a separação e o divórcio, meu sonho de vida se desfez. Isso dói. E é algo que devo lamentar. Mas então devo me conscientizar: a concretização do meu sonho de vida se desintegrou. Ela não se mostrou viável. No entanto, a essência do sonho de vida não pode se desfazer. O que isso significa?

Eis um exemplo: o sonho de vida de uma mulher era construir uma família verdadeiramente cristã. Ela era inspirada pela fé de seus pais e desejava ter um casamento baseado na fé, assim como fora o deles. Ela conseguiu se casar com um homem religioso. Os três filhos acompanhavam os pais à igreja. Na comunidade paroquial, a família era considerada um exemplo de família cristã. No entanto, após 20 anos de casamento, o marido a deixou por uma mulher mais jovem. De repente, a fé não era mais importante para ele. Isso abalou a fé dos filhos, que passaram pela primeira vez a se distanciar da Igreja e da fé.

> *A essência do sonho de vida*

O que isso significa para a mulher o fato de que seu sonho de vida concreto foi desfeito, mas não sua essência? Ao refletir sobre seu passado, a mulher percebeu que estava tentando copiar o casamento de seus pais. No entanto, simplesmente copiar algo nunca é sustentável ao longo da vida. Mas por trás dessa ideia de cópia se encontrava o ideal de viver em comunhão pela fé. E a esse ideal, a essa essência de seu sonho de vida, a mulher permaneceu fiel. Ela formou um grupo de mulheres que se dedicaram a se aprofundar sinceramente na fé. O que realmente significa ter fé? Como ela nos sustenta quando as pessoas falam sobre nós e agem como se sempre soubessem que nosso casamento aparentemente ideal não era verdadeiro? Essas mulheres sentiram que a fé é uma poderosa força interior que nos ampara, mesmo quando somos rejeitados pelo ambiente religioso. Assim, a mulher divorciada passou a viver seu sonho de vida de uma nova maneira. Mas agora, não mais como uma cópia do casamento de seus pais, mas como seu próprio sonho. Ela descobriu a essência de seu sonho: o que ela realmente queria com seu sonho de vida.

*Valorizar a mim mesmo e ao meu comportamento*

Outra tarefa após o divórcio é valorizar a mim mesmo e ao meu comportamento. É claro que devo reconhecer minha parcela de culpa. Mas não devo, de forma alguma, ficar preso em sentimentos de culpa. Eles me enfraquecem e paralisam. Em vez de me dilacerar com sentimentos de culpa, devo buscar a compreensão da culpa. Isso nos fornece energia para soltar o passado e nos abrir para um novo futuro. E devemos valorizar o que fizemos. Por exemplo, uma mulher fez tudo pelo marido, sempre segurou suas pontas para que ele progredisse profissionalmente. Após 30 anos de casamento, ele a deixou, de repente, por uma mulher mais jovem. A dor da mulher abandonada foi imensa. Será que tudo que fiz foi em vão? Eu não vivi para mim mesma, apenas para ele: essa percepção é dolorosa. No entanto, essa mulher desiludida também deve valorizar o que fez. Ela dedicou muito amor ao seu marido. É claro, isso talvez tenha sido unilateral, mas era um amor genuíno. Ela deve reconhecer isso para si mesma. O fato de o marido não ter correspondido adequadamente a esse amor e tê-la traído ao se separar é uma questão dele. No entanto, isso não diminui o seu esforço e amor. Ao valorizar seu amor, o sentimento de autoestima da mulher cresce. Se ela apenas se culpa por ter feito tudo errado, ela se prejudica e se priva de toda energia.

Esses três caminhos – lamentar o passado, conectar-se com a essência do sonho da minha vida e reconhecer positivamente meu amor e minha vida – podem nos ajudar a transformar a dor da separação numa nova vitalidade. Quando a separação desintegra nossa autoimagem, isso também pode ser uma oportunidade para descobrirmos nosso verdadeiro eu. E isso é, de fato, o objetivo da transformação.

*Caminhos para uma nova vitalidade*

## Experiências chocantes que mudam tudo

Isso pode acontecer de forma repentina ou gradual: Recentemente, um homem com mais de 80 anos me escreveu sobre a preocupação que tinha com sua esposa. Ela está cada vez mais esquecida como também desorientada, não sabendo em que dia estamos e quando é o Natal, mesmo que tenhamos acabado de celebrá-lo. Ele tem medo do diagnóstico definitivo: demência. Os sinais o assustam e o deixam impotente. Ele está como que em estado de choque. Ele não pode e não quer colocar a esposa num lar de idosos, mas também não pode estar o tempo todo ao seu lado. Como lidar com isso? Ele sente como sua vida está sendo limitada pelo fato de que tudo gira em torno dos sinais de demência de sua parceira.

*Quando o chão desaba repentinamente*

Uma experiência chocante é quando o cônjuge e toda a família, de chofre, recebem o diagnóstico de uma doença incurável. No caso de um diagnóstico de câncer, ainda existe a esperança de vencer a doença. No entanto, há doenças incuráveis, para as quais ainda não foi encontrada uma terapia. Isso também se aplica ao estágio avançado do câncer, quando há metástases em todo o corpo. Nesses momentos, o desespero e um fio de esperança de que a cura ainda seja possível coexistem.

A palavra alemã *"Schock"* (choque) foi formada no século XVIII a partir da palavra francesa *"choc"*. Ela deriva do verbo *"choquer"*, que significa "chocar", "ofender" ou "abalar". Quando recebemos a notícia de uma doença incurável e sofremos um choque, temos a sensação de que o chão é arrancado sob nossos pés. Estamos tão emocionalmente abalados que não temos mais apoio e não encontramos mais um ponto de tranquilidade dentro de nós. Ficamos completamente agitados. Uma possível reação é não querermos acreditar em nada disso e pensarmos que os médicos cometeram um equívoco. Ou que talvez as coisas não sejam tão ruins como os médicos descreveram.

A perspectiva da salutogênese – uma visão que questiona quais fatores e interações contribuem para o surgimento e a manutenção da saúde – nos mostra como podemos ter mais força interior e saúde apesar das resistências e experiências externas, mesmo atravessando eventos muito dolorosos. O pré-requisito para isso é o sentimento de que nossa vida, apesar de todas as rupturas, não é fragmentada, de que tudo está interconectado, buscando se tornar um grande todo. Esse assim chamado "senso de coerência" se expressa em três

*A busca por coerência é transformadora*

aspectos. Primeiro, na compreensibilidade: apesar de todas as ocorrências, eu entendo minha vida. Segundo, na capacidade de lidar com as coisas: não permaneço passivo. Posso moldar algo. E terceiro, na significância: busco encontrar sentido em minha vida, ou dou sentido ao que me acontece e que talvez não tenha sentido intrínseco. Mas como isso pode ocorrer numa experiência que inicialmente nos choca?

*Encarar a verdade*

Após a primeira resistência, é preciso confrontar o choque e encarar a verdade. No entanto, nunca devemos olhar a verdade chocante sem esperança. Um médico me contou que sempre diz a verdade para pessoas gravemente doentes, mas nunca sem lhes transmitir esperança ao mesmo tempo. A esperança é algo diferente da expectativa: "Na próxima semana, você estará melhor. Você estará saudável novamente". Por um lado, sempre podemos ter esperança em um milagre de cura. Por outro lado, também precisamos encarar a verdade de que a probabilidade de morrer é muito maior. Mas, mesmo assim, devemos transmitir esperança. É a esperança de um tempo bom que ainda resta ao doente. O médico pode dizer: "Você é importante para nós. Faremos tudo para que não sinta dor. Esperamos que você aproveite o tempo que lhe foi dado como um tempo valioso, que tenha conversas valiosas com seus entes queridos e amigos, que você perceba novamente o valor precioso da sua vida".

*Não perder a esperança*

Se levarmos ao paciente terminal apenas nosso medo e desespero, nós o enfraquecemos e despertamos nele sentimentos de culpa. Ele assume a culpa pelo choque e desespero agora sentido pelos familiares. No entanto, se nos aproximarmos dele com esperança, ele também poderá lidar de forma mais aberta com a doença e terá confiança em falar sobre ela conosco.

Portanto, devemos abordar o paciente terminal com esperança, vivendo o tempo que temos com ele como um tempo valioso, no qual nos entregamos completamente a ele, discutimos assuntos que nos parecem importantes e lhe dizemos palavras que nunca tivemos coragem de articular antes, por parecerem muito íntimas, muito emotivas.

O choque nos deixa impotentes, sem saber o que fazer. Após o primeiro momento de paralisia, devemos reagir ativamente e refletir sobre o que podemos fazer: em relação ao cônjuge com demência, à mãe, ou até mesmo a algum filho com doença terminal. O choque nos mostra que o tempo que temos para compartilhar é limitado. Passamos a vida pensando: teremos um tempo infinito juntos. Mas agora a ideia nos aflige dolorosamente: o tempo tem um prazo. Portanto, devemos aproveitar ao máximo esse tempo limitado, abordar conflitos não resolvidos, examinar questões pendentes e, quando necessário, buscar a reconciliação. E podemos imaginar coisas que poderiam trazer alegria à pessoa com demência ou à pessoa gravemente enferma. Ter a capacidade de exercer a imaginação é importante. Ser capaz de trazer alegria às pessoas vulneráveis também é benéfico para nós mesmos. Assim, não ficamos presos na paralisia do choque, mas reagimos ativamente a ele. Quando surgem pensamentos sobre o que podemos fazer, isso também nos torna interiormente vivos. Desse modo,

*Como seguir adiante*

não transmitimos apenas tristeza e abatimento, mas esperança. Quando fazemos outra pessoa feliz, algo se transforma dentro de nós. E o relacionamento com essa pessoa também passa por uma transformação. Essa transformação nos leva à paz interior e à gratidão por essa pessoa. Sentimos gratidão por podermos passar o tempo com ela de uma maneira valiosa. Torna-se então um tempo virtuoso, mesmo que a dor ou a tristeza irrompam repetidamente. Mas quando choramos juntos, as lágrimas entre nós podem criar uma conexão profunda. Passaremos pela doença e pela morte juntos.

### Diante dos destroços da vida

O fracasso assume diferentes formas no âmbito do trabalho também. Não se trata apenas de sonhos desfeitos ou expectativas não realizadas. Alguém se dedicou intensamente e com sucesso em sua empresa. No entanto, a empresa é adquirida por um investidor que fecha essa filial da empresa e demite vários funcionários, inclusive aqueles que ocupam cargos de liderança. Agora, ele está numa idade em que tem poucas chances de recomeçar em outra empresa. É um fracasso pelo qual não somos culpados, algo imposto de fora. Ainda assim, sentimo-nos fracassados. Algumas pessoas não têm coragem de contar que de repente se tornaram desempregadas. A vergonha as impede. Também pode acontecer de não haver uma demissão, mas o ambiente de trabalho se deteriora a ponto de se tornar insuportável. Nesse caso também nos

*O fracasso tem várias facetas*

sentimos fracassados, especialmente porque nos dedicamos intensamente à empresa durante anos.

Outra forma de fracasso: Tenho um pequeno negócio – um restaurante ou hotel, uma empresa de construção ou uma loja de eletrônicos. As mudanças econômicas no meu ramo ou as restrições impostas pela pandemia e pelos regulamentos governamentais me obrigam a declarar falência. Estive sempre fervorosamente envolvido, administrei meu negócio com prazer e tinha um bom relacionamento com meus clientes. Isso simplesmente me fazia feliz. No entanto, agora tenho de fechar a empresa. Posso dizer a mim mesmo que as circunstâncias externas me levaram a isso. Mas ainda assim, permanece a sensação de fracasso.

Uma terceira forma de fracasso é aquela causada por mim mesmo. Eu me esforcei para desempenhar meu cargo na empresa da melhor maneira possível, com todo o meu conhecimento e consciência. Mas então cometi um erro grave. Fui cego para as consequências da minha decisão. Agora, tenho de enfrentar as consequências e deixar a empresa. Fui demitido. Isso me machuca, pois dei o melhor de mim. E meu erro não é perdoado. Tudo o que eu trouxe para a empresa não importa. Sou identificado apenas pelo erro.

Uma quarta forma de fracasso que vivenciamos com frequência hoje em dia é o *burnout*. Eu entro em estado de exaustão emocional e não consigo mais trabalhar. Simplesmente não consigo continuar. Preciso admitir que estou precisando de um tempo para descansar. Alguns podem após esse período – talvez em uma clínica psicossomática – retornar ao trabalho e retomar suas atividades. Outros tentam novamente, mas percebem que não conseguem recuperar sua antiga energia. Nunca mais conseguirão ocupar o mesmo cargo em que trabalhavam. Eles não sabem se encontrarão um emprego que pague tão bem quanto o anterior ou se enfrentarão um declínio social.

A questão é: como lidar com o fracasso – seja qual for a maneira em que ele nos afeta. Em primeiro lugar, é importante observar atentamente o que está acontecendo. O processo pelo qual as pessoas que fracassam passam tem muitas semelhanças. Primeiro, há um grande entusiasmo, seguido pela desilusão. O indivíduo que fracassa percebe que não pode mais continuar da mesma maneira. Ele luta contra isso e deseja continuar, a todo custo, trilhando o caminho que escolheu. Mas simplesmente isso não é possível. O corpo se rebela. A mente se manifesta. Após longas batalhas, alguns finalmente decidem se separar do caminho de vida anterior. No entanto, eles não se sentem livres imediatamente. Eles passam por um vale de tristeza: lastimam a perda do conceito de vida e a ruptura da identidade. Por fim, a maioria tenta seguir um novo caminho. Mas é trabalhoso. Pois muitos reagem ao fracasso com vergonha, e essa vergonha lhes consome muita energia.

*Lidar com o sentimento de derrota*

Como o fracasso muitas vezes é experimentado como uma derrota, muitas pessoas tentam evitar uma derrota identificando-se com os vencedores ou com os supostamente mais fortes. Outras tentam compensar seu fracasso se esforçando ainda mais e lutando contra ele com todas as forças. No entanto, isso apenas leva ainda mais fundo no beco sem saída do fracasso. Outras minimizam sua situação ao se apresentarem de forma realista: "Assim é a vida humana". Ou fecham os olhos. Tentam curar os sintomas. Mas nada disso leva a lugar algum. Aqui é preciso reconciliar-se com o fracasso e, em seguida, buscar maneiras de processar nossas derrotas de modo que delas brote uma nova vida, para que nosso fracasso se torne um novo começo.

Muitas pessoas, quando fracassam profissionalmente, sentem-se como se estivessem diante dos cacos da vida. No entanto, a oportunidade no fracasso consiste em que Deus pode compor algo novo a partir dos destroços da minha vida. A Bíblia nos conta sobre muitas situações de fracasso. No entanto, Deus transforma o fracasso repetidamente em novo começo. Ele reconstrói os "escombros de Jerusalém". Ele faz brotar um novo ramo de um tronco decepado (cf. Isaías 11,1s.). Numa visão externa, Jesus também fracassou na cruz. Seu objetivo de ganhar as pessoas para Deus falhou inicialmente. Ele foi capturado pelos romanos e crucificado. No entanto, Deus o ressuscitou dos mortos. Assim, a morte e a ressurreição de Jesus se tornaram um símbolo de esperança, de que tudo em nós pode ser transformado, que a nossa escuridão pode ser aclarada pela luz, que a nossa derrota pode ser transformada em vitória e que o nosso fracasso pode ser um novo começo. Uma olhada na Bíblia pode nos dar esperança de que Deus também transformará o nosso fracasso.

| *Esperança após o fundo do poço* | No entanto, a esperança não significa que não precisamos fazer nada por nós mesmos. |

Isso não significa que cada um forje seu próprio destino. Mas a primeira tarefa que nos é exigida é que, diante do nosso fracasso, não caiamos em autocompaixão, nem em depressão da qual mal conseguimos sair. No último caso, é realmente necessário buscar ajuda terapêutica. Porque não posso simplesmente decidir não estar deprimido. E é claro que devemos distinguir entre um fracasso que eu mesmo causei e injustiça objetiva e ofensas reais. Mas é importante lamentar o fracasso, admiti-lo para mim mesmo. Porém, se cheguei ao ponto mais baixo, devo imaginar: agora não posso cair mais fundo do que isso. Portanto, tento levantar-me da impotência e buscar novos caminhos, procurar por novas oportunidades de trabalho. Também devo me perguntar: Quero continuar trabalhando na mesma área? Ou é hora de algo diferente? A esperança que as imagens bíblicas despertam em mim pode me encorajar a tomar os passos que são possíveis para mim.

Outra ajuda é admitir para mim mesmo que o fracasso pode acontecer com qualquer um, que sempre devemos estar preparados para o fracasso. Por 36 anos, fui responsável pela situação econômica da abadia, com seus 300 funcionários. Como | *A dança de Alexis Zorbas* tínhamos pouco dinheiro, assumi alguns riscos para tornar a abadia mais sustentável. Mas eu também estava ciente de que o risco também traz a possibilidade de algo dar errado. Para isso sempre me inspirei em Alexis Zorbas. Quando sua estrutura, que ele montou com muito esforço, desmoronou, ele diz a si mesmo que nunca havia visto uma estrutura tão grande desabar de maneira tão bela. E ele dança o Sirtaki, a tradicional dança grega em fila. Quando conto com um fracasso, não fico tão obcecado em precisar ter controle total sobre tudo. Posso abordar meu trabalho com mais confiança. É necessário também ter certo senso de humor para lidar adequadamente com o próprio fracasso. No entanto, cada pessoa deve considerar sua própria constituição psíquica. Quanto risco ela está disposta a assumir: isso deve ser decidido por ela mesma. E só podemos correr um risco se não formos completamente lançados fora do caminho por um fracasso, mas sim se formos capazes de encará-lo como um desafio.

Outra ajuda para lidar com o fracasso é, para mim, a palavra que Jesus diz ao paralítico que está deitado em sua cama há 38 anos, apenas lastimando que ninguém o ajuda e que ninguém tem tempo para conversar com ele. Jesus não mostra pena, mas o desafia: "Levanta-te, toma o teu leito e anda!" (Jo 5,8). Eu não devo ficar esperando até sentir força dentro de mim novamente. Eu devo levantar-me, pegar minha cama, minha fraqueza, meus medos, minhas dúvidas, minhas inibições, debaixo do braço e seguir meu caminho, na confiança de que não estou sozinho em minha jornada, mas que Cristo me fortalece. No entanto, levantar-me e tomar minhas dúvidas "debaixo do braço" é algo que eu próprio devo fazer.

*"Levanta-te, toma o teu leito e anda!"*

### No meio da vida – a morte

Todos nós encontramos a morte em nossa vida. E quando uma pessoa querida morre, somos invadidos pela tristeza.

No início, a tristeza nos domina por completo. Sentimentos caóticos nos inundam. Sentimo-nos desconectados da vida. Tudo nos parece vazio e sem sentido, escuro e sombrio. Não temos mais energia. Tudo em nós mudou. Às vezes, a tristeza nos transforma em pessoas completamente diferentes. Perdemos nossa segurança. Não nos reconhecemos mais. Não temos mais apoio. Lágrimas e dores parecem não ter fim. Às vezes, podemos perceber uma transformação somente quando permitimos esses sentimentos e atravessamos a tristeza. Ficamos mais calmos em nosso luto. Às vezes, a tristeza se transforma em gratidão. Olhamos para as pessoas que perdemos com imensa gratidão. Somos gratos por termos vivido com elas, por termos aprendido com elas, por termos sido abençoados por elas. Mas essa transformação não é duradoura. No próximo momento, a dor da perda nos invade novamente. E isso também é aceitável.

| *Permitir a dor*

Com frequência, percebemos também outra transformação. Muitas coisas que antes eram tão importantes para nós, como férias e um belo apartamento, ou comer com amigos num bom restaurante, de repente perdem a graça. Não temos mais vontade de conversar sobre coisas superficiais. As preocupações com o clima durante as férias, a pergunta pela última tendência, nada disso nos interessa mais. Sentimos que fomos transformados pelo luto. Alguns veem essa mudança como algo negativo. Nós nos tornamos mais sérios, perdemos nossa leveza e alegria. Mas sentimos que é assim que deve ser para nós. Simplesmente não conseguimos mais voltar à superfi-

| *O que se transforma*

cialidade e à alegria de antes. Sentimos que olhamos para o mundo com outros olhos, que os padrões pelos quais medimos a qualidade de nossa vida mudaram.

Nos cursos sobre como lidar com o luto, os participantes me contam sobre essas experiências dolorosas, quando perderam o pai ou a mãe, o cônjuge ou um filho para a morte. No início, havia apenas dor, sensação de abandono, falta de sentido, impotência, caos emocional, profundo lamento e um grito interno. Cada luto tem sua própria dor. E não devemos comparar os processos de luto. Cada um deve enfrentar o seu próprio luto. Como interlocutor, muitas vezes tive a impressão de que a maior dor ocorre quando se perde um filho. Por isso, chamo o curso de luto para pais enlutados de "Morte inoportuna". Esperamos que os pais morram em algum momento, mas a morte de um filho antes de nós é realmente uma morte inoportuna.

Não devemos saltar o processo de luto. Algumas pessoas tentam suprimir o luto procurando por culpa. Será que o médico é o culpado ou o hospital? Ou, se foi um acidente: a outra pessoa é a culpada pelo acidente? Ou procuram a culpa em si mesmas. Preferem girar em torno de seus próprios sentimentos de culpa em vez de admitir que o marido, ou a esposa, ou o filho realmente morreu, e que devem se despedir.

*Não saltar o luto*

Apesar de todos os sentimentos caóticos, nos quais frequentemente acreditamos não ter mais chão sob os pés, é importante manter a confiança de que o luto tem um propósito, que ele pode se transformar. Um desses propósitos é que o luto pelo ente querido se transforme em gratidão. Essa transformação não ocorre da noite para o dia. Mas está ocorrendo repetidamente no processo do luto. Mesmo na dor do luto, posso me lembrar das coisas pelas quais sou grato, do que quero agradecer ao falecido. Sou grato por tê-lo conhecido, grato por ter enriquecido minha vida. Essa pessoa foi uma dádiva em minha vida. Embora pensar com gratidão na pessoa amada não elimine a dor do luto, uma porta se abre no meio do luto. E eu sinto: se eu passar repetidamente por essa porta da gratidão, então meu luto aos poucos se transformará.

Um objetivo importante do luto também é compreender a mensagem do falecido. Eu penso nele: O que ele queria transmitir com sua vida? Que rastro de vida ele queria deixar neste mundo? O que ele gostaria de me dizer? Quais valores o moldaram? Como devo responder à sua mensagem? Muitas vezes, só após a morte é que o mistério de uma pessoa se revela, aquilo que a movia em seu âmago. Ao tentarmos ouvir a mensagem do falecido, nosso luto gradualmente se transforma em gratidão. E integramos o falecido em nossa vida. Continuamos a viver na relação com ele. E com nossa própria vida damos uma resposta à sua mensagem.

| *Uma nova relação com quem faleceu*

Esse é o verdadeiro objetivo do luto: estabelecer um novo relacionamento com o falecido. Temos confiança de que o falecido está com Deus. E junto a Deus, ele está plenamente em si mesmo, em total harmonia consigo mesmo. Certamente, ele não nos repreende, para que deixemos de nos atormentar com sentimentos de culpa. Uma senhora me ligou várias vezes para contar sobre a morte de seu filho com a idade de 28 anos. Ele faleceu de uma doença peculiar. Ela não consegue se livrar dos sentimentos de culpa. Ela diz que deveria ter percebido mais claramente do que ele estava sofrendo. Talvez ela tivesse proposto outro caminho de tratamento. No entanto, esses sentimentos de culpa constantes mantêm a mulher presa em seu luto, e nada se transforma. Não podemos evitar que os sentimentos de culpa voltem a aflorar. Mas, nesses momentos, é importante mandar embora esses sentimentos de culpa: Meu filho não quer que eu arruíne minha vida com meus sentimentos de culpa. Meu filho quer que eu viva, que eu me volte novamente para minha família. O que passou, passou. Não faz sentido continuar quebrando a cabeça por isso.

Às vezes, somos capazes de ter uma experiência especial do relacionamento com o falecido. Sonhamos com ele, que ele está bem, que ele sorri enquanto estamos reunidos como família. Então, o falecido quer nos dizer: "Está tudo bem no modo como vocês vivem agora. Eu continuo ao lado de vocês". Às vezes, também há a experiência de que o falecido nos ampara. Uma mulher acompanhava seu marido, que faleceu de câncer. Ele lhe pediu que continuasse tocando seu negócio após sua morte. Ela disse que não tinha ideia de como gerenciar o negócio. Então, ela lhe disse: "Mas você precisa me orientar". Ela tem essa experiência repetidamente. Quando não sabe o que fazer, ela para e, em silêncio, pergunta ao marido como ela deve reagir agora, o que deve fazer. E então ela tem a sensação de que seu marido lhe está mostrando um caminho. Claro, ela não ouve claramente as palavras do marido. Mas, de repente, pensamentos surgem dentro dela, e ela sabe como agir.

Após a morte de um ente querido, também é importante estabelecer um novo relacionamento comigo mesmo. Por um lado, podemos acreditar que o amor é mais forte do que a morte, que o amor transcende a morte, e que o falecido continua a nos acompanhar. Por outro lado, é importante que a gente se veja de uma nova maneira. Quem sou eu sem meu marido, minha esposa, ou meu filho? A morte de uma pessoa querida me impulsiona a entrar em contato comigo mesmo e perguntar por minha própria identidade. O que desejo que se desenvolva em mim? Quais são meus pontos fortes? E como desejo responder às experiências com o ente querido falecido? Conheço pessoas que, após a morte do cônjuge, sentem que perderam o fundamento sobre o qual se encontravam. Sentem-se desorientadas e se afundam no luto. Outras, de repente, desenvolvem novas habilidades. Eu vivenciei isso com minha mãe. Meu pai faleceu quando ela estava com 61 anos de idade. Ela ainda viveu por quase 30 anos depois disso. Na vida de casados, meu pai não era apenas o mais velho, mas também o mais forte. Ele fundou e administrou seu negócio. Ele lia muito e se envolvia na paróquia. No entanto, após a morte de meu pai, minha mãe desenvolveu suas próprias forças. Ela se expandiu em seu pensamento e sentimentos. Ela se abriu para novos desenvolvimentos. Ela amadureceu cada vez mais para se tornar uma mulher sábia.

> *Encontrar uma nova relação comigo mesmo*

Portanto, cabe a nós encontrarmos a forma de lidar com o luto pela perda de um ente

> *Transformação com, não contra*

querido: Ficamos presos ao luto ou seguimos um caminho de transformação interna? A transformação não será imediatamente visível. Mas não vamos ficar estacionados em nosso luto. A transformação também não ocorrerá contra o falecido, mas com ele. Todas as manhãs, minha mãe rezava a oração "Pelo cônjuge falecido" do livro de orações. Nela se diz: "Compartilhamos muitas coisas juntos, alegrias e tristezas, horas felizes e difíceis. Foi bom, mesmo que nem sempre tenha sido fácil. Por isso, agradeço-te. Agora, meu marido alcançou primeiro o objetivo. Eu fico sozinha para trás. Recompensa-o com amor e fidelidade com alegria eterna; mas dá-me forças para dizer: seja feita a tua vontade, mesmo que o teu caminho seja incompreensível. E permita-nos estar unidos contigo no céu". Quando minha mãe mostrou essa oração para minha irmã, ela ficou profundamente comovida. Ela sentiu: Minha mãe vive do relacionamento com seu marido falecido. Mas ela não se apegou a isso. Ela é grata pelo tempo que teve com ele. Mas agora ela segue seu próprio caminho. E ela pede a seu marido falecido que a ajude a se abrir à vontade de Deus. E ela confia que se encontrarão novamente. Isso não prendeu minha mãe ao luto, mas sim lhe permitiu que se entregasse totalmente à vida com alegria e força. Ela conduziu um grupo de café com mulheres mais velhas durante anos, e para muitos sua vida foi um símbolo de esperança de que não é necessário desesperar após a morte do cônjuge, de que existe um caminho de transformação que nos leva à nossa própria força e nossa própria identidade.

*Uma nova relação com Deus*  |  O luto também transforma minha relação com Deus. Algumas orações e músicas não me dizem mais nada. Minha imagem de Deus mudou. Após a morte de uma pessoa querida, também é preciso encontrar um novo relacionamento com Deus. A morte destruiu a imagem de um Deus que atende todas as nossas súplicas pela saúde do filho e do cônjuge. Alguns têm dificuldade em crer em Deus. Sentem-se, por assim dizer, ofendidos por Deus ter levado a pessoa querida. No entanto, outros lutam para obter uma nova imagem de Deus. É a imagem de um Deus que nos sustenta, até mesmo no sofrimento; a imagem de um Deus de cujas mãos não podemos cair. E o experimentamos como o Deus de nossos pais, de nossos cônjuges, de nossos filhos falecidos. Talvez então compreendamos quando Jesus fala de Moisés, que chama Deus de "o Deus de Abraão, o Deus de Isaque e o Deus de Jacó. Ele não é um Deus dos mortos, mas dos vivos; pois para Ele todos estão vivos" (Lc 20,37s.). O Deus a quem oramos e cuja presença curadora vivenciamos na celebração da Eucaristia é sempre também o Deus de nossos mortos. Assim, em Deus, sempre incluímos nossos mortos em nossos pensamentos e experimentamos no encontro com Ele a comunhão com os falecidos também.

Portanto, o caminho pode levar, mesmo através de dúvidas profundas, a uma imagem de Deus mais profunda: ao Deus incompreensível, mas que ainda assim é amor em sua incompreensibilidade, um amor do qual não posso ser apartado nem mesmo pela morte.

*Objetivo: alegria e gratidão*

O caminho do luto requer tempo, mas também revela um objetivo: quando superamos o luto, percebemos, depois de anos, uma transformação interna. Podemos novamente encontrar alegria na vida. Somos gratos pela nossa existência. No entanto, não somos mais as mesmas pessoas que éramos antes do luto. Ganhamos profundidade, sensibilidade em relação às pessoas. Talvez também tenhamos nos tornado mais espirituais. Encontramos um novo acesso à espiritualidade. Estamos mais abertos a Deus. Entramos em contato com nosso verdadeiro eu, com nosso centro.

Passar por momentos de escuridão espiritual

Existem diferentes formas de dúvidas e perda de fé. Algumas pessoas se perguntam: O que minha vida concreta tem a ver com a fé? Elas vivenciam uma lacuna entre o que sentem durante o culto na igreja e sua vida cotidiana. Têm a impressão de que o culto e a linguagem religiosa não têm nada a ver com sua vida, que as palavras e os rituais simplesmente não as afetam. Outras pessoas questionam: Posso crer no que a Igreja ensina? Posso realmente acreditar no que confessamos no Credo? O que essas afirmações realmente significam? Têm alguma relevância para mim? E algumas pessoas também misturam os dogmas sobre o mistério da redenção, como os confessamos no Credo, com muitas outras declarações da Igreja, especialmente no campo da moral, sobretudo da moral sexual. Elas têm a sensação de que isso passa completamente ao largo de sua vida e de sua postura em relação à vida.

*Perguntas, dúvida, perda da fé* | Outras pessoas mantiveram a fé por muito tempo. Elas serviram no ministério durante sua juventude, participaram com entusiasmo do trabalho juvenil. No entanto, agora têm a impressão de que perderam a fé, que se dissolveu de alguma maneira imperceptível. Elas se afastaram da Igreja, mas também se distanciaram interiormente da fé. De alguma forma, a vida as levou por outros caminhos. Elas associam a Igreja à sua infância e juventude. Mas já superaram essa fase. Assim, a fé de sua juventude também desapareceu. Outras pessoas desejam crer. Elas vão à igreja. Leem livros sobre espiritualidade. Participaram de cursos de meditação. No entanto, caem numa escuridão espiritual. Elas desejam crer, mas ao mesmo tempo têm dúvidas: Será que elas estão enganando a si mesmas com Deus? Será que Deus é uma projeção dos anseios humanos por segurança e proteção? E como conciliar o Deus em que creem com o sofrimento do mundo, com o destino concreto, que é marcado por doenças e perdas de entes queridos, e com a situação no mundo, em que Deus parece estar ausente?

Reprimir as dúvidas, a perda de fé e a escuridão espiritual não nos ajuda a avançar. A repressão pode acontecer quando deixamos de nos preocupar com questões de fé, quando simplesmente nos entregamos à nossa vida e não nos deixamos abalar pela fé que tínhamos antes. Ou pode acontecer quando reprimimos as dúvidas e nos apegamos a formas externas de vida religiosa. Cerramos os dentes e simplesmente cremos, repelindo de nós todas as dúvidas. No entanto, todas essas tentativas *Não reprimir as dúvidas* de repressão não nos fazem bem. Ficamos apenas parados onde estamos. Mas nada muda dentro de nós. Então, como lidar com nossas dúvidas, nossa perda de fé e escuridão espiritual?

Também precisamos suportar a ideia de que experiência e pensamento, fé e conhecimento são categorias diferentes. E devemos fazer a distinção entre certezas de fé e conhecimento factual. E no caso de dúvidas, precisamos distinguir entre as dúvidas em relação a determinados dogmas e as dúvidas sobre o eventual significado da fé para nossa vida. No caso do primeiro tipo de dúvidas, seria bom nos despedirmos de nossa fé infantil. Devemos crer como adultos. E isso significa que devo questionar cada um dos dogmas: O que eles realmente significam? Eu também tenho um intelecto e quero satisfazê-lo. Não me basta simplesmente aceitar o que me é apresentado como dogmas. Pode ser benéfico aqui imaginar que todas essas asserções dos dogmas são formuladas em linguagem metafórica. Elas não são informações, mas pretendem manter o mistério aberto. Ao aceitar os dogmas dessa maneira, eu questiono o mistério da minha vida e o mistério de Deus. O que significa que Deus se tornou humano em Jesus? O que significa redenção? O que significa ressurreição dos mortos? Portanto, devo tentar compreender essas palavras e traduzi-las para a minha vida.

*Como interpreto minha vida*

Nesse processo, ler livros teológicos ou espirituais para expandir meu horizonte de fé pode me ajudar. Quanto às asserções morais da Igreja, devo certamente usar meu pensamento crítico. Não há dogmas no campo da moral. Há apenas princípios. Mas eles podem mudar totalmente ao longo do tempo.

Quando tenho o sentimento de que a fé, os cultos e mensagens da Igreja não têm nada a ver com minha vida, posso então me perguntar: Como eu entendo minha própria vida? Como eu a interpreto? O que me sustenta? Não há vida sem interpretação. E posso me questionar: Será que a minha interpretação está correta? Ou estou simplesmente adotando as interpretações do ambiente em que vivo? Poderia a visão que a fé me oferece ser uma ajuda para que eu lide melhor comigo mesmo e com a minha vida? Será que dentro de mim não há uma intuição de algo maior do que eu mesmo, de um mistério que me envolve? Qual é o mistério da vida, do amor? Quando penso profundamente no amor, fico apenas preso ao sentimento de amor ou intuo algo sobre o poder do amor como uma energia suprapessoal que permeia toda a criação?

E posso me perguntar: Existe em mim um anseio por algo completamente diferente, pelo mistério, pelo sagrado, por um fundamento sólido em que eu possa me apoiar? Não preciso crer em tudo o que os outros me contam. Mas devo olhar para dentro de mim e perguntar qual é o meu anseio mais profundo. Em seguida, posso conectar meu anseio com algumas asserções da fé, com alguns rituais da Igreja. Essas asserções falam ao meu próprio anseio? Eu anseio por uma sustentação, por um amor incondicional, por um sentido que transcende o observável? Quando encaro meu anseio, algo já começa a se transformar dentro de mim. E quando me ocupo com as questões da fé, sem me forçar a ter de crer nelas, já ocorre uma transformação em meu interior.

*Caminhos na noite escura*

Mas como lidar com a escuridão espiritual? Primeiro, devo simplesmente admiti-la. No momento, não sinto nada de Deus. Todas as afirmações sobre Deus, especialmente as afirmações piedosas e otimistas sobre Ele, não me dizem nada. Ao contrário, chegam a despertar uma aversão em mim. Também não devo reprimir essa experiência. Devo reconhecer minha aversão e iniciar uma conversa com ela. Contra o que estou me rebelando internamente? São soluções devotas e muito simplistas? São apenas palavras que não provocam nenhuma ressonância em mim? Ou tenho dúvidas fundamentais que levam a perguntar se Deus e tudo o que é religioso são apenas imaginação? O que me ajuda, então, é levar esse pensamento até o fim: sim, é possível que tudo seja apenas imaginação. As pessoas inventaram a fé para poder viver sem medo, para não ter de enfrentar a verdade de sua própria morte. Quando penso profundamente essa alternativa, uma intuição emerge em meu âmago: eu confio na Bíblia, confio na sabedoria da minha alma. E confio também na sabedoria da alma, que tem moldado as pessoas há milênios. Para aqueles que não conseguem trilhar esse caminho, eles podem admitir: Sim, não sinto nada de Deus. Tudo me parece vazio, nada disso me toca. Mas ao mesmo tempo, eles podem se perguntar: Será que não há um anseio dentro de mim por tudo o que agora parece tão vazio? Se isso for verdade, como então me sentiria?

São João da Cruz fala sobre essa experiência: "Mas o que a alma aflita sente aqui da mais dolorosa maneira é o pensamento de que Deus, segundo todas as aparências, a rejeitou e a lançou nas trevas como uma criatura abominável, e essa crença de que Deus a abandonou é para ela um sofrimento extremamente pesado e digno de compaixão... e, além disso, a terrível angústia de que isso, aparentemente, permanecerá assim para sempre". Segundo João da Cruz, essa escuridão tem a tarefa de nos libertar das nossas imagens de Deus e nos abrir para o Deus além de todas as imagens. Identificar Deus com as nossas imagens de Deus é algo que fazemos com frequência. E pensamos que sempre devemos sentir a presença de Deus. Confundimos Deus com os sentimentos que às vezes tínhamos durante a missa. Na noite escura, esses sentimentos e as imagens que tínhamos de Deus escapam de nós. E é bom que escapem. Pois essa é a oportunidade de nos abrirmos para o Deus que se encontra além de todas as imagens e além de todos os sentimentos, o Deus que é um mistério que não podemos mais descrever. Quando enfrentamos a escuridão, podemos ter a confiança de que uma transformação está ocorrendo dentro de nós. E é bom saber que muitos cristãos que buscam sinceramente já tiveram essa experiência da noite escura. João da Cruz descreve a noite escura como uma experiência em que tudo nos parece vazio, em que não conseguimos mais rezar. Quando ficamos sabendo da experiência de muitos cristãos com essa noite escura, deixamos de nos culpar e de pensar que foi por falta de fé que caímos nesse vazio. Não é culpa nossa. É uma travessia da noite. Mas após cada noite também vem o amanhecer, e assim podemos esperar que a manhã – como diz João da Cruz – nos permita vislumbrar o amor de Deus, que banha tudo em uma nova luz.

Já antes de João da Cruz, o místico medieval Johannes Tauler havia falado dessa

*Caminho e objetivo da transformação*

crise espiritual. Ele a descreve da seguinte maneira: "Todos os pensamentos sagrados e belas imagens, a alegria e o júbilo e tudo o que lhe foi dado por Deus, agora tudo isso lhe parece uma coisa grosseira, e ele é expulso de tudo, de forma que isso não lhe agrada mais e ele não quer continuar". Nessa situação, a pessoa não consegue mais se relacionar com sua prática religiosa anterior. O perigo é que ela acabe descartando completamente a fé, porque ela "não lhe traz mais nada".

A experiência da noite escura, descrita pelos místicos, pretende levar o homem à transformação. A transformação começa quando enfrento a insegurança. Só então se abre o caminho para uma fé mais profunda, uma fé que não mais identifica Deus com nossas projeções, mas está aberta para o mistério absoluto que não podemos mais descrever. Não podemos demonstrar essa fé exteriormente e achamos difícil falar sobre ela. É algo inteiramente pessoal e algo que transcende nossa linguagem. No entanto, é uma fé que nos carrega. E é uma fé que também nos leva ao nosso verdadeiro eu, que nos liberta de todos os papéis que desempenhamos com tanta frequência. Suspeitamos que exista um núcleo para além de todos os papéis: o verdadeiro eu, que não podemos mais descrever, que só podemos perceber com gratidão como nosso centro interior, no qual estamos completamente em harmonia conosco e onde encontramos a verdadeira paz e o verdadeiro sossego. Assim, o objetivo da transformação pela escuridão da fé e pelas crises espirituais é a paz interior, uma serenidade que não pode mais ser abalada tão facilmente porque ela sabe que está segura em Deus.

O mundo e minha pátria estão mudando.

Em 2015, chegaram à Alemanha fluxos de refugiados, migrantes e solicitantes de proteção contra áreas de crise e guerra, e Angela Merkel tornou sua frase "Nós conseguiremos" o lema amplamente citado para lidar com essa situação difícil. Os alemães se destacaram por sua calorosa cultura de boas-vindas. Mas em pouco tempo o clima mudou. Vozes se ergueram: estamos sendo dominados por estrangeiros, uma cultura diferente está vindo para nosso país com os refugiados, nossa própria tradição está sendo destruída. O medo de atos terroristas islâmicos cresceu e ainda foi reforçado pelos crimes cometidos por refugiados, amplamente divulgados pela mídia.

*Medo de dominação estrangeira*

No entanto, o medo de infiltração estrangeira não surgiu com os refugiados sírios, iraquianos e afegãos. Tampouco é um fenômeno novo. Pois, após a Segunda Guerra Mundial, quando as pessoas deslocadas do Oriente vieram para o Ocidente como refugiadas, nem sempre foram bem-vindas. E no passado recente, por motivos bastante diversos, muitos aldeões sentiram que sua identidade tradicional e familiar estava ameaçada. Nas novas áreas de construção designadas instalaram-se pessoas que não se integravam à aldeia, que só usavam suas casas para viver e se mantinham afastadas da população da aldeia. Outras aldeias tornaram-se apenas locais de residência também para os habitantes originais. Eles se dirigem às cidades para trabalhar. Restaurantes e cafés nas aldeias fecharam. Muitos pequenos negócios cessaram. Para fazer compras, era preciso ir aos supermercados da cidade.

*Medo de perder a pátria*

No entanto, isso é verdade: muitas pessoas gostam de ir a lugares "italianos" ou "gregos" para comer. Outros gostam de comida chinesa, indiana, vietnamita ou mexicana. Muitas pessoas gostam dessa variedade. Por outro lado, existem áreas em algumas cidades que são evitadas até mesmo pela polícia, áreas com alta proporção de estrangeiros e um caráter de gueto ameaçador. Portanto, não há experiências uniformes e claras a respeito das realidades de nossa sociedade multicultural.

Muitos têm medo dessas mudanças na sociedade. Eles têm medo de perder a identidade. Sua pátria está sendo tirada deles. Aquilo que lhes dava segurança está desmoronando. Não faz sentido fechar os olhos para isso; aqui também é importante levar a sério os medos das pessoas, mas também conversar sobre esses medos. O que está por trás disso? Algumas pessoas se enchem de medo porque a antiga pátria não é mais como costumava ser. Especialmente em localidades que eram totalmente dominadas pela agricultura, ocorreram grandes mudanças nos últimos 50 anos, independentemente dos refugiados. Os pequenos agricultores desistiram e agora trabalham mais em fábricas. Em algumas localidades, não há mais agricultores, enquanto em outras, alguns poucos agricultores expandiram seus negócios e compraram ou arrendaram todas as terras. A estrutura mudou, mesmo sem influência externa. Também aqui há a questão de como lidar com isso. Certas tendências podem ser questionadas. Serão benéficas no longo prazo? Ou como podemos abordar as preocupações legítimas relacionadas ao fato de haver um sentimento de comunidade nas aldeias? No entanto, não podemos simplesmente voltar no tempo. Mesmo há 100 anos, nem tudo era ideal. Também havia muitos conflitos, e a estreiteza de algumas aldeias não permitia que pessoas de fora tivessem a oportunidade de se integrar.

Hoje em dia, os jovens nas aldeias têm dificuldade em encontrar emprego. Eles procuram oportunidades fora, e especialmente quando têm formação acadêmica, são capazes de grande mobilidade. Alguns estudam no exterior. Ficamos surpresos ao ver como os jovens de cidades pequenas estão espalhados pelo mundo, como eles de repente também se casam com habitantes de países estrangeiros. A globalização amplia nosso horizonte e agora sabemos: todas as decisões que tomamos têm impacto em todo o mundo. Claro, nesse desenvolvimento, há o perigo de que os mais fortes dominem tudo. Por outro lado, ele também oferece a oportunidade de criar paz entre as pessoas e culturas. Se hoje não é raridade que pessoas de 70 nacionalidades diferentes trabalhem juntas pacificamente numa grande empresa, isso também mostra uma chance para a paz mundial.

No entanto, hoje também reconhecemos que essas duas tendências estão interligadas: globalização e regionalização. Apesar da abertura para o todo, também devemos valorizar o aspecto regional e trabalhar para uma cultura saudável em nossa aldeia, em nossa cidade. O medo de sermos

*Boas raízes possibilitam abertura*

sobrecarregados por influências estrangeiras nos desafia a refletir sobre nossa própria identidade.

Algumas pessoas têm medo da islamização, mas muitas vezes elas próprias perderam sua identidade cristã. Se elas têm raízes sólidas na tradição cristã, também estão abertas para a outra religião do Islã, sem misturar tudo. Os estrangeiros representam, portanto, um desafio para que reflitamos sobre nossas próprias raízes e vivamos com autoconfiança a partir dessas raízes.

Quando, na década de 1970, eu costumava visitar Graf Dürckheim, que buscava combinar a meditação zen-budista com a tradição cristã, fiquei impressionado por suas palavras. Ele disse: "Somente o cristão com boas raízes pode ter um bom diálogo com o budismo". Isso vale para qualquer encontro com o outro, o estrangeiro. As coisas se misturam em quem não tem raízes. Ele perde sua identidade e sua estrutura. Nesse sentido, devemos reagir aos medos dos outros tentando redescobrir nossas raízes e considerando o que significa viver a partir dessas raízes. Quais rituais do passado deveríamos reviver em nossas aldeias e cidades? Quais rituais da igreja nos beneficiariam? É claro que sempre precisamos de uma nova interpretação dos rituais para que eles façam sentido para nós. E devemos ter confiança suficiente para convidar outras pessoas, inclusive estrangeiros, a participarem desses rituais. Não teremos medo de um domínio de influências estrangeiras; ao contrário, vamos nos orgulhar de nossa tradição e também nos mostrar abertos para as tradições de outras culturas e religiões.

## Nada é mais como era – nem mesmo na Igreja

Atualmente, as igrejas estão enfrentando uma crise significativa. Cada vez mais pessoas estão se desligando delas. Elas têm a impressão de que a Igreja não tem mais nada a lhes dizer. *Fenômenos de crise evidentes*
Para muito, sua credibilidade se desfez devido aos casos generalizados de abuso sexual cometido por líderes religiosos. Outros, que durante muito tempo se sentiram em casa na igreja, lamentam que tudo esteja mudando. Para alguns, as reformas estão acontecendo devagar demais, para outros, rápido demais. E o fato é que cada vez menos fiéis estão indo à missa. A vida na paróquia está perdendo vitalidade. O número de leigos que se envolvem só faz diminuir. Nem mesmo há candidatos suficientes para as eleições do conselho paroquial. O padre precisa cuidar de várias comunidades ao mesmo tempo, e isso o sobrecarrega e o deixa sob pressão. Consequentemente, ele é visto com menos frequência. Não é mais possível construir um relacionamento de confiança com ele. E as missas já não são mais o que costumavam ser. Alguns sentem falta das devoções de maio, que costumavam tocá-los emocionalmente, ou das procissões com participação de toda a aldeia. Para muitos também dói constatar que em sua própria comunidade não há mais um culto celebrado todos os domingos. Não querem ir a comunidades estranhas. Querem permanecer fiéis à comunidade local. No entanto, ela está se desfazendo cada vez mais. Tudo isso causa sofrimento. A questão agora é: Como posso lidar com essa situação sem cair na resignação?

*Despedida da Igreja do passado*

Primeiramente, devo ser grato pelas experiências positivas que tive na igreja. Muitos gostam de lembrar sua época como coroinhas ou do trabalho com jovens. Eles lastimam o fato de que seus próprios filhos não encontrem na igreja um espaço onde se sintam acolhidos e possam se envolver à sua maneira. A primeira tarefa agora é lamentar a situação da Igreja. Isso não significa lamentar o passado. A mera lamentação nos tira toda a energia. Lamentar significa despedir-se da Igreja como era. Não podemos simplesmente restaurar a situação de 50 anos atrás. A sociedade mudou, e a Igreja está inevitavelmente sujeita a essas mudanças externas. Lamentar significa permitir-se experimentar a dor de que a Igreja não é mais a pátria que se experimentou antes. No entanto, lamentar também inclui a percepção honesta de que nem tudo no passado era "ouro". Alguns párocos lideravam suas comunidades de maneira autoritária. Muitas vezes, também havia pressão social para ir à igreja. E naquela época também existiam desonestidades e conflitos que dividiram a comunidade. Portanto, não devo idealizar nem demonizar o passado, mas ver realisticamente como ele era. Então, posso me despedir dele de uma maneira saudável. E somente aquele que se despediu dolorosamente da Igreja do passado pode estar aberto para a situação atual.

Por óbvio, a crise do coronavírus também trouxe uma nova insegurança para a relação com a Igreja e os serviços religiosos na igreja. A missa dominical, de repente, deixou de ser tão importante. Podemos dizer que a crise colocou em xeque nossa relação com o culto e com toda a Igreja.

Agora, é hora de reconhecer novamente: O que a Igreja me oferece? Por que eu vou à missa? É apenas tradição? O que o culto significa para mim? Ao fazer essas perguntas, talvez eu perceba que o tempo de domingo, quando celebramos a missa juntos, é uma pausa de cura em que nos desligamos de uma vida em constante pressão. O tempo do culto é um momento de respirar aliviado. Não preciso trazer nada. Posso apenas ser, ouvir, cantar, celebrar. Não se trata apenas de perguntar: O que a missa me traz? Claro que essa pergunta ainda se apresenta para nós. Mas o essencial é expressar minha fé. E eu sei que, se minha fé não encontrar expressão, ela enfraquecerá cada vez mais. Eu celebro o culto para olhar a minha vida de uma perspectiva diferente. Durante a missa, mergulho naquilo que a liturgia chama de culto celestial. A fronteira entre o céu e a terra é abolida. O céu se abre sobre minha vida. E isso traz uma perspectiva diferente para ela.

Posso usar termos teológicos para descrever o que celebramos na missa e dizer, por exemplo, que a Eucaristia é o ápice da vida cristã. No entanto, tais fundamentações muitas vezes passam despercebidas pelas pessoas. Eu preciso ter razões pessoais | *Abertura para o agora* que sejam suficientes para demonstrar por que eu participo da missa. Talvez então eu perceba: no final das contas, o que me faz bem é justamente a ação descompromissada do culto. Pois me libero da pressão que tantas vezes experimento no cotidiano. E encontro outras pessoas que têm interesse na fé. Eu sei: mesmo que minha fé esteja passando por uma crise ou que eu sinta apenas uma fé débil, sou sustentado pela fé de outras pessoas. Sou sustentado pela fé daqueles que viveram antes de mim. E na minha Igreja local, posso imaginar que sou sustentado por todas as pessoas que oraram e celebraram aqui antes de mim e que agora estão celebrando a festa nupcial celestial junto a Deus. Isso amplia minha vida. Ela adquire um sabor diferente, o sabor de ser sustentado, de estar seguro, o sabor de pátria.

Mesmo que às vezes eu sinta dolorosa falta dos antigos rituais, das músicas familiares, ainda é importante envolver-me no que acontece agora. Quando estou aberto, sou movido pela missa, conforme ela é celebrada, aberto para Deus e aberto para o meu verdadeiro eu. Não me apego às formas antigas que me proporcionaram um senso de pátria. Eu pergunto pelo que é essencial na fé, no serviço religioso. Ao fazer essas perguntas, a dor pela antiga familiaridade diminui e me torno receptivo às coisas novas. Eu não julgo o serviço religioso, não julgo a situação da Igreja. Eu me envolvo.

No entanto, isso não significa que devo simplesmente aceitar o que existe hoje, que eu resignadamente aceito o estado atual da Igreja. Também é importante cooperar ativamente para tornar essa Igreja viva novamente. E posso me perguntar: Qual é o papel da Igreja hoje? Não é justamente numa sociedade cada vez mais individualista que ela tem a tarefa de criar lugares de convivência? Não tem ela hoje a oportunidade de oferecer um lar para muitas pessoas solitárias e sem-pátria? Não deveria cuidar daqueles que estão em busca, que vivem à margem da sociedade, que têm dificuldade com a fé, que precisam de proximidade humana, consolo e ajuda ativa?

*A pergunta pelo essencial*

Na Idade Média, os cristãos tornaram a sociedade mais humana e compassiva por meio das sete obras de misericórdia. De igual modo, a Igreja poderia abrandar e aquecer a nossa sociedade, que está cada vez mais dura e fria, mediante seu engajamento, permeando-a com o espírito de Jesus e transformando-a. Onde estão hoje os pobres: famintos, sedentos e sem vestuário; os solitários: idosos, doentes, estrangeiros ou prisioneiros – e que dependem da nossa atenção? "Vede como eles se amam!", com essas palavras, o escritor antigo Tertuliano descreve a união dos primeiros cristãos, que trouxeram uma nova esperança à sociedade antiga. Hoje também é nosso dever espalhar o espírito contagiante de Deus e nos tornarmos fermento de esperança para a nossa sociedade, na qual há tão pouca percepção de esperança.

Precisamos de uma nova autoconfiança como cristãos, para que nós, como Igreja, não nos entendamos na imagem de um modelo descontinuado, mas sim como a vanguarda de uma sociedade que compreendeu como queremos viver juntos no futuro. Justamente a Igreja mundial tem, | *Caminhando como vanguarda da sociedade* | num mundo globalizado, a importante missão de humanizar a globalização e moldá-la com base no espírito cristão. Rompeu-se a antiga imagem da Igreja como uma casa que "cheia de glória olha longe sobre todo o país". Mas a imagem da Igreja como um povo de Deus em peregrinação ainda pode nos tocar hoje: como cristãos estamos caminhando junto com todas as pessoas, incluindo os não crentes, em busca daquilo que nos fortalece e nos espera no final do caminho.

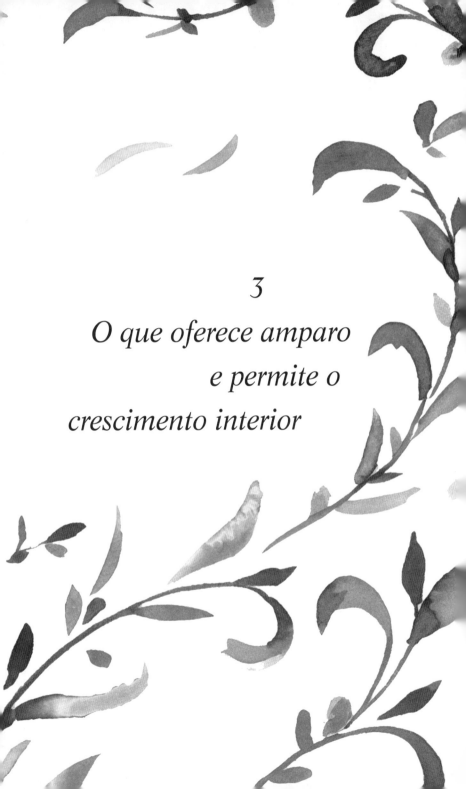

# 3
## *O que oferece amparo e permite o crescimento interior*

## Tudo tem o seu tempo – conscientemente ao longo do ano

Em tempos passados, as pessoas viviam em total sintonia com o ritmo da natureza. As estações do ano moldavam sua alma. Elas eram consideradas símbolos das diferentes fases da vida, mas também representavam qualidades específicas de cada fase: a primavera como símbolo da juventude, do florescer de uma nova vitalidade; o verão como a plenitude da vida, o tempo da meia-idade; o outono como o envelhecimento e o soltar; e o inverno como a morte ou o descanso. Em nosso tempo, é cada vez mais forte a tendência de evitar as estações do ano. No inverno, muitas pessoas buscam férias em regiões mais quentes. Ou transformam a tranquilidade do inverno na agitação do turismo de esqui. No entanto, surgiu também em muitas pessoas a inclinação de se envolver conscientemente com as estações do ano e percebê-las como uma imagem da transformação interior no ser humano. A crise de Covid-19 nos privou das possibilidades de viajar e assim escapar das estações do ano. Essa experiência pode ser um convite para enfrentar a transformação interior das estações do ano, como ela se manifesta no lugar onde moramos e vivemos. | *No ritmo da natureza*

Em março, há a transição do inverno para a primavera no hemisfério norte. Os primeiros sinais de primavera começam a se manifestar, as campânulas brancas e os crocos. Os botões se tornam visíveis nos arbustos. Após um período de frio e talvez de campos cobertos de neve, esses sinais de primavera despertam em nós alegria pela nova vida, a alegria de que os dias estão | *Tempo de florescimento* ficando mais longos, de que o calor vence o frio, de que o sol substitui a neblina e a chuva. Ao percebermos conscientemente esses sinais e meditarmos sobre eles, nós nos conectamos com nossa própria vitalidade. Quando caminhamos pelos campos de primavera em flor, algo também floresce em nosso corpo e alma. Mas isso só acontecerá se eu me envolver conscientemente.

*Tempo de plenitude vital*

No verão, é importante dar espaço à plenitude da vida dentro de mim mesmo. Ao mesmo tempo, percebemos que nem sempre podemos viver a plenitude. Nem sempre podemos estar sob o sol pleno. No meio do dia, também precisamos da sombra para apreciar o sol a partir dela. Isso se manifesta principalmente nas longas noites de verão, quando o calor agradável cria uma atmosfera propícia para conversas em companhia agradável. No auge do verão, a Igreja celebra a Assunção de Maria. Com isso, ela confere um novo significado à antiga festa das ceifeiras. Nesse dia, os maços de erva são coletados e abençoados na Igreja. Eles são símbolos da beleza da criação, mas também de suas propriedades curativas. Portanto, nessa época, é importante perceber conscientemente os efeitos curativos da natureza, não apenas no uso de ervas medicinais, mas também ao caminhar pela floresta, por exemplo.

O outono não representa apenas a velhice. Ele tem um significado para todos nós, na medida em que nos convida a novamente soltar a plenitude. O ato de soltar faz parte da vida. Assim como as folhas caem no chão, também devemos soltar algumas coisas que criamos ao longo do ano. Não podemos repousar sobre

*Tempo do soltar*

nossos sucessos. É necessário seguir em frente, despedir-se do passado, despedir-se do verão e aceitar a transitoriedade. Então, o outono pode se tornar um momento bonito, com cores vivas e suaves, com a colheita que realizamos. A colheita na natureza nos lembra do que pudemos colher neste ano, nos lembra onde nosso trabalho deu frutos.

O outubro dourado que desfrutamos dá lugar a um novembro muitas vezes úmido, frio e nebuloso. Isso também deve ser aceito como uma imagem para nossa alma. A névoa cobre tudo que é colorido. Trata-se aqui do essencial, do amor, do calor e da vitalidade que permanecem em nossa alma. Isso não pode ser tirado de nós. O outono e o inverno que se aproximam nos convidam a entrar em nós, a ficar em silêncio, a lidar com nossas raízes, a entrar em contato com nossa fonte interior.

É bom para nós quando nos envolvemos conscientemente com as estações. Então, a cada ano, teremos experiência de novos aspectos de nossa condição humana. E vamos experimentar que nossa vida é uma constante transformação, um florescer e um murchar, vida e morte, renúncia e desfrute. Isso significa olhar para dentro e, em seguida, voltar-se para o exterior. Aquele que se expõe a essa constante mudança permanece vivo, vive de acordo com sua essência como ser humano.

É uma tarefa de nossa atenção e nossa consciência perceber as diferentes estações do ano e explorar seu efeito no corpo e como também na alma. Quando eu caminho pelos campos frescos e floridos de maio, | *Imagens de nossa vida* como me sinto? Ou quando, no final de maio, eu caminho pela floresta caducifólia e admiro a relva fresca, o que isso faz comigo? É bom sentir conscientemente o impacto que a natureza exerce em nós nas diferentes estações do ano. Assim, pressentimos o que a estação do ano faz conosco e podemos lidar com ela de forma mais apropriada. Sabemos como nossos nervos, enfim como nosso corpo reage aos diferentes estados de ânimo na natureza. Assim, podemos nos adaptar a eles. Então, podemos perceber como nosso ânimo muda a cada vez. Mas não é apenas o ânimo que muda. Nós também nos transformamos como seres humanos. Não podemos segurar natais nem a primavera. Os tempos vêm e vão. Isso é uma imagem de nossa vida. Nossa vida é uma constante transformação, um constante florescer e morrer. Sempre há algo florescendo em nós, que depois murcha e morre. É importante dizer sim a essa lei interna. Somente então permanecemos vivos, somente então nos transformamos ano após ano. Sempre morre algo diferente em nós, e algo novo floresce. Na juventude, a infância morre para que possamos entrar na pujança da juventude. Na meia-idade, o papel que vínhamos desempenhando morre para que possamos entrar em contato com nosso verdadeiro si-mesmo. E na velhice, o ego morre para que nossa verdadeira essência floresça cada vez mais, para que a riqueza interna da alma se torne cada vez mais visível para nós mesmos e para as pessoas ao nosso redor. Quando nos abrimos para o ano com seus períodos de florescimento e declínio, morte e renascimento, ocorre uma transformação dentro de nós, até que, finalmente, na morte, sejamos transformados para sempre na imagem única e autêntica que Deus fez de nós.

## Vivenciar cada dia com plena atenção

Ao longo de um dia, podemos perceber e sentir quanto a mudança é uma lei fundamental da vida. A vivência da escuridão da noite é diferente da do dia claro. Muitas vezes, sentimo-nos diferentes de manhã em comparação com a noite, diferentes pela manhã em relação à tarde. Até a Bíblia reconhece essa mudança de estado de ânimo: "o choro pode durar uma noite, mas a alegria vem pela manhã" (Sl 30,6). Algumas pessoas vão para a cama tristes. Estão desapontadas com o dia, com as pessoas que as magoaram, com seus filhos que não atenderam às suas expectativas. Mas, quando acordam de manhã, parece que tudo isso ficou para trás. Elas se levantam alegres e nem sabem por quê. Muitas vezes, a atitude com a qual acordamos é influenciada pelos sonhos. Mesmo que não nos lembremos mais dos sonhos, eles trabalham nas questões e conflitos não resolvidos do dia anterior. Às vezes, não sabemos por que nos levantamos tão animados e felizes. Encaramos o novo dia cheios de confiança. É claro que também existe o oposto. É especialmente pela manhã que pessoas deprimidas sentem o peso em sua vida. Elas nem conseguem sair da cama. Não sentem nenhuma energia dentro de si e têm medo do dia.

*Vivências diferentes*

*Os ânimos mudam*

Também durante o dia, os estados de ânimo se modificam. Vivenciamos a manhã de um jeito, e a tarde, de outro. Isso é expresso nos hinos que cantamos como monges durante a terça, a sexta e a noa, ou seja, às 9h, 12h e 15h. No hino da terça, dizemos: "Tu governas o tempo mutável, dás suave brilho à aurora e fulgor claro ao dia alto... Concede força saudável ao corpo, paz e paciência ao coração". A manhã é muitas vezes o nosso melhor momento, quando podemos trabalhar com toda nossa energia. Ela ainda tem o frescor que lhe é próprio. No entanto, o meio-dia é cantado de maneira diferente: "A intensidade do meio-dia nos aflige, as horas voam; ó Deus, perante quem os tempos param, permite-nos descansar um pouco em tua presença. Respiramos febrilmente e apressados, o conflito se inflama, a palavra célere; em tua proximidade, Deus poderoso, há refrigério, paz e paciência". O calor do dia muitas vezes também aquece nosso ânimo. Ficamos febris, apressados e prontos para uma briga. Assim, buscamos, ao meio-dia, o alívio de nossas emoções, mas também queremos descansar um pouco. Não é à toa que precisamos de uma pausa ao meio-dia. Para mim, a sesta é uma pausa desse tipo, na qual encontro tranquilidade para começar a tarde interiormente revigorado. À tarde, nós monges cantamos: "Até que nosso dia chegue ao fim, concede-nos, bondosamente, a tua luz; então, que uma morte santa nos abra a porta para a eternidade abençoada". À tarde, já pensamos no fim do dia, mas também no fim da vida. A tradição cristã acredita que Jesus morreu às 15 horas. Sua morte transformou o mundo. Que Ele também transforme nossa vida e nos livre do medo da morte, da finitude.

Vivenciamos a noite com outros sentimentos, completamente diferentes entre si. Às vezes, nos sentimos cansados, esgotados e vazios. Em outras ocasiões, sentimos gratidão pelo que vivenciamos ou realizamos hoje. Certas coisas, no entanto, não saíram tão bem e algumas intenções não puderam ser concretizadas. Nesses momentos, é importante que apresentemos a Deus os sentimentos de culpa e autocrítica que surgem dentro de nós e possamos soltá-los diante dele.

Cada pessoa tem seu próprio ritmo biológico. E depende desse ritmo biológico como vivenciamos os diferentes momentos do dia. Existem os que acordam de mau humor, que se sentem meio perdidos de manhã. Eles precisam de algum tempo para acordar completamente e se adaptar ao dia. E existem os notívagos, que se tornam ativas à noite e ainda têm energia para ler ou trabalhar. É bom explorarmos nosso ritmo biológico e nos ajustarmos conscientemente a ele, para vivermos os diferentes períodos do dia de acordo com o que nos convém. E podemos permitir a ocorrência dos diferentes estados de ânimo ao longo do dia. Sabemos que eles variam. E eles têm permissão para variar. Não precisamos estar de bom humor o tempo todo. Os humores se transformam. Isso é adequado para nós. É pela mudança de estados de ânimo que nos reconhecemos com todos os altos e baixos, descobrimos a riqueza e a diversidade de nossa alma.

*Uma soma de alegria e vida*

Friedrich Hölderlin nos oferece o pensamento: "o que ocorre nos períodos de vida também acontece com os dias. Nenhum é suficiente para nós, nenhum é totalmente belo, e cada um tem, se não sua praga, sua imperfeição; mas quando os somamos, surge uma soma de alegria e vida". Portanto, na aceitação dessa diversidade, na vivência do ritmo natural e da transformação – é nisto que reside a beleza da vida.

## Permanecer em movimento – para que algo seja posto em movimento

*A caminho da pátria*

A palavra alemã *"Weg"* (caminho) não se refere apenas ao caminho que percorremos ao passear, mas também ao caminho interior que percorremos. *"Beweglichkeit"* (mobilidade) é uma expressão de vitalidade mental e física. Associamos movimento à palavra "caminho": quem está a caminho permanece em movimento. A palavra alemã *"wandern"* (caminhar) está relacionada a *"wandeln"* (transformar-se). Quem caminha, transforma-se. Também falamos disso num sentido espiritual: o caminho para Deus ou o caminho para a individuação.

Quando estamos trilhando um caminho, é sensato parar de vez em quando, fazer uma pausa, para entrar em nós mesmos e descobrir as atitudes que nos dão sustentação em nossa vida. Mas essa pausa não deve se tornar uma estagnação. Aquele que para em seu caminho interior se petrifica. O caminho interior continua sempre em frente. Novalis expressa o objetivo do nosso caminho em sua conhecida sentença: "Para onde estamos indo? – Sempre para casa". No final das contas, estamos sempre a caminho de um lar, de um refúgio, de um lugar onde nos sintamos em casa. Quando Paulo diz: "A nossa pátria está nos céus" (Fl 3,20), ele está se referindo ao fato de que, em última instância, Deus é a nossa pátria. Essa movimentação fundamental fica especialmente clara na peregrinação. Em tempos de transição ou crise, as pessoas se lançam numa peregrinação. Quem peregrina se coloca a caminho para entrar em contato com sua verdadeira forma. O popular Caminho de Santiago de Compostela, que ainda hoje é muito apreciado, podia durar nove meses na Idade Média. As pessoas esperam desse caminho como que um renascimento.

Lucas é o evangelista do caminho. Ele nos descreve Jesus como o caminhante divino que caminha conosco e nos lembra de nosso núcleo divino. Lucas começa a história da infância com três belas histórias sobre caminho. Sobre Maria, diz-se: "E, naqueles dias, levantando-se Maria, foi apressada às montanhas, a uma cidade de Judá" (Lc 1,39). A palavra grega *"anastas"* também pode significar ressurreição. É um levantar-se e um partir. Aquele que se põe a caminho deve primeiro partir. Ele deve desmontar as antigas tendas em que se estabeleceu. Ele ousa uma partida para algo novo. Maria atravessa a montanha. É um caminho cansativo, com muitos obstáculos, para finalmente chegar ao destino. O objetivo do caminho é o encontro entre Maria e Isabel, onde ambas se tornam uma bênção uma para a outra e experimentam transformação.

> *Três histórias bíblicas sobre caminho*

A segunda história de caminho conta sobre a jornada de José e Maria até Belém. Lucas escreve *"anebe"* – *"ascendit"* – "ele subiu". O caminho é, portanto, uma subida. Assim, muitos místicos entenderam nosso caminho em direção a Deus como uma ascensão. João da Cruz fala da ascensão ao Monte Carmelo. O objetivo da ascensão é o nascimento da criança divina. Para os místicos, o objetivo de nosso caminho espiritual é o nascimento de Deus na alma humana. Então tudo se torna novo. O objetivo do caminho é emigrar das imagens prévias, que os outros ou nós mesmos tínhamos de nós, para adentrar a forma autêntica que Deus destinou a cada um de nós.

A terceira história de caminho descreve a jornada dos pastores até a criança na manjedoura. Após o anúncio da Boa-nova do nascimento do Salvador pelos anjos, os pastores dizem um ao outro: "Vamos a Belém e vejamos o que aconteceu, o que o Senhor nos deu a conhecer" (Lc 2,15). Os latinistas traduzem a palavra grega *"dielthomen"* como *"transeamus"*. Trata-se, portanto, de uma passagem não apenas para outro lugar, mas também para um estado diferente. Aqui é uma passagem da audição para a visão. Na visão, os pastores se unem com a criança divina, da qual eles até então só tinham ouvido falar.

*Transformação: destino do caminhar juntos*

A transformação no caminho é novamente descrita por Lucas de maneira impressionante no final de seu Evangelho. Os discípulos de Emaús estão caminhando cheios de tristeza e desesperança. Enquanto conversam sobre sua decepção, Jesus se junta a eles e caminha ao seu lado. Ele os ouve e, à luz das Sagradas Escrituras, interpreta tudo o que eles vivenciaram. Sua disposição muda, a tristeza dá lugar à alegria. O coração dos discípulos arde, e eles pedem a Jesus que fique com eles. E quando Jesus partiu o pão, "seus olhos se abriram, e eles o reconheceram" (Lc 24,31). Aqui se trata de uma passagem da audição para a visão. No partir do pão, eles se tornam um com Jesus. A comunidade, que já era vivenciável no caminho, se torna uma unidade. Esse é o objetivo de caminhar juntos: entender-se melhor, entrar em harmonia uns com os outros e se tornar um com Deus, diante do qual caminhamos e em direção ao qual estamos a caminho durante toda a nossa vida.

## Contra a corrente – viver de maneira resistente

Resistir às forças destrutivas da vida – tanto as circunstâncias externas destrutivas quanto as tendências negativas em nós mesmos – é a tarefa do caminho cristão. Existem padrões pessoais de vida que nos impedem no caminho da transformação, assim como tendências sociais que não nos fazem bem. Para nos transformarmos de pessoas determinadas por influências externas para pessoas moldadas pelo espírito de Jesus, o caminho também pode ser trilhado com atitude de resistência. Podemos observar como a transformação surge mediante resistência ao considerarmos a imagem do represamento mencionada no início: represamos a água, impondo resistência ao seu fluxo, para que ela possa então correr para uma turbina e ser transformada em eletricidade. Portanto, devemos opor resistência a tendências problemáticas, para que as forças destrutivas se transformem em energia de cura. Trata-se de resistir às tendências destrutivas dentro de mim (como ganância, ódio, inveja ou descomedimento), mas também de modificar as condições de vida que encontramos na sociedade. A resistência pode causar transformação. Essa resistência frequentemente nos leva à solidão. Sentimo-nos isolados porque não participamos de muitas coisas. No entanto, essa solidão é a condição para que algo mude em mim. Somente quando aceitamos a solidão e a configuramos conforme nossa maneira pessoal, algo novo pode amadurecer na profundeza do coração. Então estaremos abertos ao mistério da vida – e também ao mistério e ao objetivo da minha própria vida. Neste caminho, descobrirei um mundo diferente dentro de mim, o mundo da riqueza interior da minha alma. No entanto, o pressuposto é exatamente esse: opor resistência.

Não vivemos apenas para nós mesmos, mas sempre também em responsabilidade por outras pessoas, pela sociedade. Só podemos resistir de forma significativa se primeiro reconhecermos quais tendências prejudicam nossa sociedade. Aqui estão apenas alguns exemplos breves: há, por exemplo, a crescente mercantilização, em que tudo é apreciado apenas pelo seu valor monetário. Cada conversa com um cliente é avaliada financeiramente. Não pode durar tanto tempo quanto seria bom para ele, mas apenas o suficiente para que se mantenha dentro do orçamento previsto. Outra tendência que prejudica nossa vida na sociedade é a judicialização. Ela destrói a confiança. Desapareceu a confiança em acordos. Tudo precisa ser protegido legalmente. A crescente judicialização também leva, consequentemente, a que cada vez mais pessoas se sintam vítimas das condições sociais. Por trás dessa atitude muitas vezes está a opinião de que sempre "a culpa" é dos outros, e que não há responsabilidade que possa me afetar. A infantilização é uma consequência desse tipo de postura: recuso-me a assumir responsabilidade pelo meu comportamento. Tenho apenas expectativas e exigências em relação à sociedade, à Igreja, à empresa. Mas não faço nada para tornar mais hu-

*Padrões de vida danosos*

mana a comunidade em que vivo. Outra tendência também fica evidente na cegueira em relação às mudanças climáticas ou à pandemia. Nega-se a realidade, não se leva a sério ou se atribui, por exemplo, a culpa a teorias da conspiração, transferindo assim a responsabilidade para os outros e se eximindo da necessidade de tirar consequências do comportamento próprio.

Todas essas tendências destroem uma convivência pacífica na sociedade. No entanto, aqueles que resistem, que tomam decisões diferentes e não querem apenas seguir a multidão, muitas vezes são rotulados como retrógrados, ingênuos ou crédulos, sendo assim desvalorizados. Aqueles que optam por um estilo de vida diferente, fora do *mainstream* sempre presente nas redes sociais, sentem-se solitários. Não é fácil viver contra a maioria. Como monge, o fato de estar sozinho, de me afastar do *mainstream* da sociedade é para mim algo claro e uma consequência da minha escolha de vida. Mas para alguém inserido na sociedade, que trabalha numa empresa onde prevalecem critérios diferentes dos seus pessoais, não é tão fácil opor resistência. Frequentemente, tal resistência será de natureza mais pessoal. Começa com pequenas coisas – e pode se tornar uma postura consciente: eu não me deixo influenciar pela tendência de estar sempre falando mal dos colegas ou reclamando permanentemente da política. Eu me desvencilho da pressão do consumismo e me recuso a querer impressionar os outros com um carro caríssimo ou roupas de marca. Não adoto os critérios pelos quais os outros se julgam mutuamente. Essa postura consciente e decidida

| Contra o mainstream

pode causar solidão. No entanto, é possível buscar aliados e transformar as condições, vivendo nosso sistema de valores de maneira assertiva.

Mas a solidão também pode ser o lugar onde encontro a mim mesmo, onde percebo quem realmente sou. Eu não "sou" o "papel" que desempenho na empresa. Não sou o consumidor a quem a publicidade se dirige. Eu sou eu mesmo. Não preciso constantemente me provar ou mostrar algo. Esse tipo de resistência me leva a mim mesmo, à liberdade interior. E essa independência é a condição para que eu descubra o mistério da minha própria pessoa, o segredo do meu verdadeiro eu, que não preciso mais justificar ou apresentar aos outros. Não tenho necessidade de me justificar diante de todos os outros. Eu sou eu mesmo. Isso não significa que giro em torno de mim mesmo egocentricamente. Quando sou totalmente eu mesmo, sou livre para me dedicar aos outros e, por exemplo, executar um trabalho que talvez não tenha a melhor reputação. Essa liberdade seria benéfica para todos nós hoje em dia. É preciso coragem para nadar contra a corrente. Sem essa coragem, seremos definidos pelos outros. Seremos vividos, em vez de vivermos por nós mesmos. Aqueles que resistem encontram o caminho para o seu verdadeiro si-mesmo. Isso os preenche de paz e alegria.

*Caminho para a liberdade*

*Na natureza – e na vida*

Aceitar e reconhecer a realidade com serenidade

Na natureza, uma planta só pode crescer se a deixarmos onde está. Podemos regá-la, protegê-la de tempestades. Mas não podemos ficar mexendo nela o tempo todo ou replantá-la em outro lugar. O mesmo se aplica a nós. Na educação das crianças, também não podemos ficar constantemente tentando mudá-las. Devemos primeiramente aceitá-las e deixá-las crescer. Então, poderemos ver onde devemos intervir de forma criativa. No caso de uma planta, pode ser útil amarrá-la a uma estaca para que ela possa crescer para o alto. De igual modo, as crianças também precisam de apoio para poder crescer. O que vale para a natureza também vale para a nossa vida.

A filosofia estoica distingue entre o que está em nosso poder e o que não está em nosso poder. Nosso pensamento e nossos sentimentos estão em nosso poder. Por outro lado, o que encontramos na natureza ou os comportamentos das pessoas ao nosso redor não estão sob nosso controle. O maior erro que podemos cometer é ficar constantemente preocupados com o que não está sob nosso controle. Epicteto escreveu:

| *Energia e contentamento*

> Se considerares livre o que por natureza não o é, e como teu o que é estranho, então terás muitos aborrecimentos, irritação e tristeza, e entrarás em conflito com Deus e com todos os seres humanos. Mas se considerares como teu apenas o que é realmente teu e o estranho como estranho, então ninguém jamais te coagirá, ninguém jamais te impedirá, nunca acusarás ninguém, nunca censurarás ninguém, nunca farás algo contra a tua vontade. Ninguém te prejudicará, pois não terás inimigos - nada poderá te prejudicar (Epicteto, *Manual*, Seção 1).

Embora essas palavras do filósofo estoico possam parecer racionais demais para nós, há uma verdade subjacente nelas. Quando aceitamos que não podemos mudar tudo, que precisamos nos reconciliar com o que não podemos mudar, a satisfação interna surge em nós. E quando aprendemos a distinguir sabiamente entre o que podemos mudar e o que não está em nosso poder, teremos energia para nos dedicarmos com serenidade e zelo àquilo que nós próprios podemos configurar.

Eu tenho outra experiência em comunidades. Isso se aplica, por exemplo, a comunidades monásticas, mas também a parcerias e famílias. Existem monges que constantemente criticam a comunidade, dizendo: ela reza pouco, é pouco espiritual, há muita mediocridade, falta entusiasmo. Ou, num relacionamento a dois, o homem critica a mulher por ser tão inflexível. E a mulher, por sua vez, critica seu parceiro por não mostrar emoções.

*A realidade e nossas ideias sobre ela*

Nessa situação, podemos encontrar auxílio em outro conhecimento da filosofia estoica: a distinção entre as coisas em si e as ideias que temos sobre elas.

> Não são as coisas mesmas que inquietam as pessoas, mas sim as ideias que temos delas. Por exemplo, a morte não é algo terrível – caso contrário, teria parecido terrível para Sócrates também – mas a ideia de que é algo terrível, isso é o que é terrível. Portanto, se estamos infelizes, inquietos ou aflitos, não devemos procurar a causa em algo externo, mas sim em nós mesmos, ou seja, em nossas ideias (Epicteto, *Manual*, Seção 5).

Estamos insatisfeitos com a comunidade porque temos certas ideias sobre ela: ela deve estar sempre em paz, ter uma espiritualidade profunda, ser fervorosamente comprometida com as pessoas. E no casamento, temos certas ideias de como o parceiro ou a parceira deveria ser: sempre amigável e atencioso, sempre amorosa, sempre equilibrada, sempre cheio de energia. Mas porque a outra pessoa não é como imaginamos, ficamos insatisfeitos.

Aqui também vale a pena lembrar: aceitar a comunidade ou a parceira/o parceiro como eles são. Mas isso não é uma resignação. A aceitação está sempre ligada à esperança de que algo se mova na comunidade, que os parceiros trabalhem em si mesmos e se desenvolvam no casamento. A crítica ao outro não o transforma. No entanto, a esperança de que o bem se manifeste nele irá gradualmente transformá-lo.

Os pensamentos que Dietrich Bonhoeffer registrou na prisão foram posteriormente publicados como um livro intitulado *Resistência e submissão*. Bonhoeffer resistiu às atrocidades dos nazistas. Mas quando estava na prisão, ele se submeteu à sua situação. Isso o transformou. A tensão entre resistência e submissão também se aplica a nós. Devemos considerar as coisas contra as quais devemos opor resistência – na sociedade, na comunidade, nas tendências que não fazem bem à família – e onde devemos nos submeter, de modo a aceitar que a situação é assim. Não podemos mudá-la conforme queremos. No entanto, a submissão não deve ser resignação. Isso nos paralisaria. Ela sempre precisa da espe-

| *Submeter-se não significa resignação* |

*Aceitar e compreender* | rança de que Deus mesmo transforme algo nas pessoas, na comunidade, no mundo.

## Transformar energias destrutivas

Muitas vezes, energias destrutivas perturbam nossa convivência e nosso trabalho em conjunto. É difícil conviver com pessoas que sempre têm uma reação agressiva a qualquer crítica, que explodem de raiva em qualquer oportunidade, que não permitem que seus semelhantes sejam como são devido ao ciúme, ou que simplesmente são amargurados e espalham amargura ao seu redor. Tentamos nos proteger. No entanto, isso só isola ainda mais as pessoas, com suas energias destrutivas.

A transformação pode começar em nós, que convivemos com essas pessoas, mas ocorre principalmente nelas. Não podemos transformar uma pessoa explosiva, invejosa ou amargurada por meio de discursos moralizantes. Quando transmitimos a mensagem de que alguém precisa se controlar, que não pode ser explosivo, ele se sentirá rejeitado e desvalorizado. Isso apenas reforça suas energias negativas. Nosso papel para que o outro possa se transformar é não julgá-lo, mas sim entendê-lo. Assim, oferecemos ao outro um espaço onde ele pode enfrentar suas próprias emoções destrutivas espontaneamente.

Nós mesmos também temos de aceitar e compreender. Eu preciso aceitar que tenho esse tipo de personalidade: sou irascível, melindroso, tenho ciúmes. O segundo passo é buscar compreender. Por que sinto ciúmes? Por que explodo tão facilmente? E quais são as situações em que reajo com melindres ou com raiva?

Um exemplo: Um homem colérico me contou que frequentemente reagia com explosões de raiva aos colegas de trabalho. Isso quase o levou à ruína, pois seu chefe estava prestes a demiti-lo. Perguntei-lhe quando foi seu primeiro episódio de explosão de raiva. Ele contou que, aos oito anos de idade, ele adorava colecionar pedras, limpá-las com uma escova de dentes e organizá-las em sua estante. Um dia, quando voltou da escola, descobriu que sua mãe havia jogado todas as pedras no lixo. Ele ficou furioso. Quando perguntei o que o tinha deixado tão perturbado naquela situação, ele disse: "Ela simplesmente jogou fora o que era sagrado para mim. Ela pisoteou meus sentimentos". Agora, como adulto, ele não consegue evitar explosões de cólera, mas pode perceber quando a raiva começa a surgir nele. Ele então transforma o impulso numa forma de proteção e imagina: "Agora devo proteger o que é sagrado em mim. Não permitirei que seja desvalorizado. O outro não pode alcançar o que é sagrado em mim". Quando lido com uma explosão de raiva dessa maneira, eu não mais explodo nem expresso minha cólera. Ela é transformada numa energia positiva que protege meus sentimentos e o que é sagrado em mim.

> *Por exemplo: explosão de cólera*

Outra pessoa, frequentemente, responde com rispidez em situações em que se sente sobrecarregada. Sua raiva é, em última análise, uma forma de proteção contra a sobrecarga. No entanto, essa reação acaba tornando-a impopular.

Portanto, é sua responsabilidade prestar atenção aos seus sentimentos: Em quais situações realmente fico irritada? Quando me sinto sobrecarregada? Nesse caso, ela poderia encontrar outras maneiras de se proteger da sobrecarga, por exemplo, um afastamento momentâneo para se reconectar consigo mesma. A irritação muitas vezes surge quando não estamos em nosso centro. Nós apenas reagimos impulsivamente. Quando estou em contato comigo mesmo, consigo reagir aos outros com mais serenidade.

Estou sempre encontrando pessoas que sentem inveja daqueles que têm sucesso, que são populares na empresa, que estão no centro da atenção. Mesmo que eu lhes diga que é inútil reagir dessa maneira e que deveriam se concentrar apenas em si mesmas e não se comparar com os outros, isso não as ajuda. Querendo ou não, nós simplesmente nos comparamos. E então surge a inveja, mesmo que não queiramos. Nesse momento, é importante olhar para a inveja, aceitá-la e entendê-la: Por que realmente sou tão invejoso? A inveja me lembra dos meus próprios desejos e expectativas de vida que não se realizaram. Ela me põe em contato com minhas próprias necessidades. Eu simplesmente devo aceitar isso. Mas então posso relativizar a inveja, tentando estar junto a mim e olhar para minha vida com gratidão. Eu digo várias vezes para mim: O outro pode ter sucesso, pode ser popular. Vou viver minha vida. Eu tento ser autêntico, viver conscientemente e irradiar amor. Se isso é percebido ou não, não é tão importante. O essencial é que isso seja coerente para mim.

Claro: Não há truque rápido para transformar emoções e energias negativas. Precisamos ter paciência conosco. Energias destrutivas nunca cessarão de surgir em nós. Nesse momento, é importante aceitá-las, entendê-las e considerar o que poderia me ajudar para que ocorra uma transformação gradual em mim.

## Solução a partir de simbioses – Passos em direção à autonomia

Na psicologia, simbiose é geralmente um termo usado com conotação negativa. Originalmente, o termo era usado na biologia para descrever a convivência de organismos de espécies diferentes; é quando, portanto, dois seres vivos vivem juntos porque ambos se beneficiam disso. Ambos se adaptam um ao outro, e assim ambos podem viver bem. No entanto, também existem parasitas que se instalam num animal e o prejudicam. Essa conotação negativa está presente quando aplicamos o termo a pessoas: pessoas que vivem em simbiose – seja num relacionamento, em contextos profissionais ou numa constelação familiar – não encontram sua própria identidade, sua autonomia e liberdade. Por um lado, elas se apoiam mutuamente, mas, por outro lado, nunca se encontram a si mesmas completamente. Elas não podem mais viver sem o outro. A simbiose impede o amadurecimento e a individuação. A psicologia também fala em personalidades confluentes, nas quais tudo se mistura e elas não sabem quem realmente são.

| *Ser autônomo*

Em termos bastante drásticos, Jesus nos exorta a abandonar a simbiose. "Porventura pensais

| *Erguer-se sobre os próprios pés*

que é a paz que eu vim estabelecer sobre a terra? Não, eu vo-lo digo, mas antes a divisão" (Lc 12,51). E então Jesus relata que os membros da família, pai e filho, mãe e filha, mãe e nora, estarão em conflito uns com os outros. Com isso, Ele não pretende justificar disputas familiares. Pelo contrário, Ele está enfatizando a importância de cada membro da família ser autônomo. Na simbiose, é como se eu fosse envolvido por plantas trepadeiras. E nem sequer sei quais são meus próprios sentimentos e os sentimentos dos outros. Nossos sentimentos se misturam. Jesus quer dizer: corte as plantas trepadeiras que o prendem aos outros. Ponha-se sobre seus próprios pés. E faça uma distinção clara entre seus próprios sentimentos e os sentimentos de seus pais e irmãos. Observe atentamente se seus pensamentos são realmente seus ou se você apenas interiorizou os pensamentos da família. Na psicologia, isso é chamado de "'*script* familiar': Na nossa família, não se faz esse tipo de coisa. Na nossa família, não se pensa assim. Na nossa família, não se diz isso". Devemos nos despedir desse roteiro familiar e ouvir nosso próprio coração e nossa própria razão: o que eu sinto? E quais são meus próprios pensamentos?

Às vezes, vejo filhos que estão simbioticamente ligados à mãe, ou até mesmo filhas que estão completamente unidas à mãe. Às vezes, essa simbiose também ocorre com o pai. O filho ou filha nunca se tornam independentes nesses casos. Fico triste quando percebo isso. No entanto, seria excessivo simplesmente ordenar: "Separe-se de sua mãe ou de seu pai. Comece a viver por si mesmo". Por essa razão, eu inicialmente pergunto:

*Ousar conversar com o medo*

"O que essa simbiose traz para você? Como você se sente com isso? Qual é a sua necessidade mais profunda aqui?" Muitas vezes, eu os ouço falar de baixa autoestima. A mãe ou o pai fornecem segurança. Às vezes, os pais também têm a necessidade de simbiose: eles não conseguem deixar o filho ou filha partir, não conseguem libertá-los. Um relacionamento estreito também é um substituto para a falta de autoestima de muitos desses pais. Mas quando eu pergunto mais a fundo como as pessoas se sentem na simbiose, a maioria conta que sofre com isso, que sente que não está realmente vivendo. Essas pessoas anseiam por liberdade e por autonomia. No entanto, muitas vezes elas não têm a força ou a coragem para se libertar da simbiose. Têm medo de não encontrar sua própria identidade. Como acompanhante, minha tarefa é primeiramente fortalecer sua autoestima e encorajá-las a ousar ter um diálogo com seus medos: O que poderia acontecer se eu me libertasse da simbiose? E o que poderia me ajudar a superar o medo que surge? Para as pessoas que são completamente dependentes, pode ser útil se eu olhar junto com elas para o medo delas, mas também se eu perguntar sobre seus próprios sentimentos. Em meio à confusão emocional, em que elas não conseguem distinguir o que estão sentindo e o que são os sentimentos dos pais, seus próprios sentimentos emergem timidamente. Eu as encorajo a confiar em seus próprios sentimentos. Mas antes que isso seja possível, sua primeira tarefa consiste em sentir as emoções e distinguir, por exemplo, quais são seus próprios sentimentos e quais são os dos pais.

Então é preciso arriscar os primeiros passos em direção à independência. Isso pode signifi- | *Passos para a liberdade* car que atrevo a exprimir meus próprios desejos, e que tenho a disposição de também realizá-los. Ou as férias que eu planejo sozinho, sem os pais. Ou uma oposição que me atrevo a ter em relação à opinião dos pais. Pode significar sair da casa compartilhada e ter a coragem de seguir a carreira que eu quero, em vez de cumprir as expectativas dos pais. Pessoas que vivem em simbiose precisam de apoio para romper com a interdependência estreita. No entanto, aqui a pessoa que as acompanha deve ter cuidado para não torná-las dependentes dela. Existe o perigo de que essas pessoas – no intuito de se libertarem da dependência – sigam um guru e se tornem completamente ligadas a ele. Assim, a simbiose apenas é transferida, mas não é desfeita. Preciso ter sensibilidade para acompanhar essas pessoas em seus passos em direção à liberdade, fortalecê-las sem torná-las dependentes de mim. Então, elas podem aprender a dar passos próprios e se manterem sobre os próprios pés. Elas experimentam uma transformação interna. Sentem-se mais livres. Muitas vezes, essa transformação também é visível externamente. Elas florescem, têm coragem de viver. E de repente desenvolvem habilidades que antes nem imaginávamos que possuíam. O acompanhante então fica grato por haver uma pessoa que ousa viver sua própria vida. E aqueles que saíram da simbiose são gratos por sua nova vida, pela sensação de liberdade e expansão.

Ousar decisões – liberar-se de bloqueios

Muitas pessoas têm dificuldades em tomar decisões. Um homem me contou que estava num relacionamento havia anos, mas não conseguia tomar a resolução de se casar com sua namorada. Ela o pressiona e o coloca diante da escolha: casamento ou separação. Um casal mais velho sente que, depois que os filhos saíram de casa, ela ficou grande demais só para eles. No entanto, eles não conseguem decidir-se a vender a casa e mudar para um apartamento menor. Uma mulher não está satisfeita com seu trabalho e o ambiente em sua empresa, mas não consegue decidir-se a pedir demissão e procurar outro emprego.

Aqui vale o processo de três etapas: aceitar, compreender, transformar. Em vez de me criticar por ter dificuldades em tomar decisões, devo aceitar isso. E então devo procurar entender por que tenho tão pouca disposição para tomar decisões. Talvez eu então perceba que sou perfeccionista e tenho medo de tomar decisões erradas. Mas a questão é: O que é uma decisão errada? Não tomar nenhuma decisão pode me paralisar no longo prazo. Talvez eu também perceba que tenho medo do risco, da incerteza e do novo. Eu conheço o que é velho. Ele é familiar para mim, mesmo que não esteja satisfeito com ele. Então posso me perguntar de onde vem esse medo do risco. Muitas vezes, é uma falta de energia paterna. Normalmente, o pai tem a tarefa de me apoiar, para que eu esteja pronto para ousar a viver e arriscar algo.

*Nenhuma decisão – decisão errada?*

Se o pai foi ausente ou muito fraco, sentirei falta dessa energia. Quando eu entender isso, poderei me apoiar mais facilmente. Então posso refletir sobre maneiras como eu, apesar disso, poderia despertar essa energia paterna dentro de mim. Ela existe, só não foi despertada. Mas talvez eu tenha conhecido pessoas paternas em minha vida que me transmitiram um pouco dessa energia ou que poderiam me transmitir agora.

O medo de mexer com algo novo e incerto está, muitas vezes, relacionado à incapacidade de deixar o que é velho para trás. Ao vender a casa, tenho de me separar de muitas coisas que acumulei ao longo da minha vida. Talvez eu também precise me separar de peças de herança dos meus pais ou avós. Isso me dói. Então devo refletir: O que eu quero preservar dos meus pais e avós? São apenas móveis, ou é mais o amor? Ou são os valores que herdei deles?

Muitos têm medo de tomar uma decisão que os obrigue a algo, que eles não possam mais reverter. Claro, existem decisões desse tipo que não podem ser revertidas. Depois que decidi ter filhos, as crianças simplesmente existem, e tenho uma responsabilidade permanente por elas. Se eu demorei tempo demasiado para tomar a decisão de ter filhos, essa decisão também não pode ser revertida. Então, devo arcar com essa responsabilidade. Mas existem outras decisões que podem ser revistas. Se escolho uma profissão e, após anos, percebo que ela está me prejudicando, posso me decidir por outra coisa. No entanto, isso não significa que a primeira decisão tenha sido necessariamente ruim. Talvez eu também tenha adquirido experiências que não gostaria de perder. Afinal, eu sei que "os desvios aumentam o conhecimento do local". As vivências que tive me tornam experiente.

Quando eu me decido por algo, estou sempre me decidindo contra outra coisa. E devo lamentar e deixar partir essa coisa. No entanto, muitos ainda ficam se lamentando pelo passado. Eles fantasiam: "O que teria acontecido se eu tivesse feito essa escolha? Como seria minha vida agora? Como eu estaria?" No entanto, tais fantasias não levam a lugar algum. Porque o que estou fantasiando não é vivido. Se percebo essas tendências em mim, de fantasiar como seria se..., então é bom simplesmente dizer a mim mesmo: Estou vivendo aquilo pelo que me decidi. Tudo o mais é apenas fantasia. Agora estou vivendo na realidade e não num mundo de fantasia.

Existem muitos auxílios por meio dos quais eu poderia me tornar uma pessoa mais decidida. Gostaria de mencionar apenas dois. O primeiro auxílio: eu simplesmente sonho: O que eu realmente gostaria? Quais imagens surgem quando eu imagino meu futuro? Então, escrevo simplesmente tudo o que vem à minha mente. Ainda não preciso decidir nada. Mas então espero algumas semanas e reflito: Qual desses diferentes sonhos eu quero realizar? Por qual dos sonhos eu me decido? E quais são os próximos passos? Devo esperar mais um pouco? E por quanto tempo devo esperar? É bom estabelecer um prazo. Mas depois devo tomar uma decisão.

*Ajuda para esclarecimento e tomada de decisões*

A decisão não precisa ser radical ainda. Mas devo tomar decisões sobre os próximos passos. Então, algo começa a se mover em mim.

O segundo auxílio é a fé. Primeiramente, eu peço a Deus clareza interior sobre como devo decidir. Deus não tomará a decisão por mim, mas durante a oração, surgem em mim pensamentos que posso examinar diante de Deus. Os monges antigamente diziam: se durante a oração, eu sinto maior vivacidade, liberdade, amor e paz em relação a um caminho, então esse é o caminho certo para mim, essa é a vontade de Deus para mim. Quando eu decido com a ajuda de Deus, devo pedir-lhe que abençoe minha decisão e meu caminho. A confiança na bênção de Deus, que me acompanha, relativiza o medo da decisão. Então, eu paro de me preocupar com todas as coisas que poderiam acontecer. Tenho confiança de que tudo está sob a bênção de Deus. Mesmo se houver resistências no novo caminho, eu confio que posso superá-las com a bênção de Deus. Então, o caminho me leva a uma vivacidade, liberdade, amor e paz cada vez maiores.

### Esperança: Decidir-se pela confiança

*Nenhum mundo perfeito*

Quando contemplam o mundo, muitos veem apenas conflito, guerra e discórdia. Nossa sociedade está cada vez mais dividida, e nos tratamos com rudeza e aspereza sempre maiores. Será que essa dura realidade permite esperança e confiança? Muitos se questionam sobre isso. Não devemos nos refugiar num mundo perfeito, mas, como cristãos, podemos nos lembrar do Natal. A mensagem do Natal é esta: naquela época, Deus desceu a um mundo marcado pela violência e pelo domínio romano. A terra de Israel estava ocupada pelas tropas romanas. O nascimento de Jesus ocorreu em lugar humilde, numa manjedoura, nos arredores da cidade de Belém. É uma história de esperança "apesar de tudo". E podemos ter confiança de que aquilo que começou tão pequeno e humilde ainda tem impacto hoje. A mensagem de Jesus continua motivando as pessoas em direção à paz. Mesmo que hoje soframos com a quantidade de mensagens de ódio e apelos à guerra e violência: mesmo em meio à escuridão, essa luz ainda brilha. E a escuridão não pode apagar essa luz. Quando vivemos nessa esperança, uma força reconciliadora fluirá para o nosso mundo. Deus transformou uma situação, e por isso não devemos parar de orar. Orar significa confiar no poder transformador de Deus. O *starets* Siluan, o venerável monge e místico russo ortodoxo do Monte Athos, certa vez disse: "A única razão pela qual o mundo não se desintegra no caos é que, a todo momento, em algum lugar da Terra, há pessoas orando". Também não podemos provar isso. Mas podemos aprender com a confiança desse *starets* russo, que tocou tantos corações dos visitantes no Monte Athos.

| *Não há vida sem crise*

As crises não se mostram apenas quando olhamos para o mundo. É difícil que haja uma vida individual sem crises. A psicologia descreve a crise como a perda do equilíbrio das forças. Não nos reconhecemos mais. Perdemos nossa segurança. De repente, somos inundados por emoções, sentimentos depressivos, incerteza e medo. Perdemos o chão sob nossos pés. A situação se torna ainda mais dramática quando falhamos: quando o casamento se desfaz, quando fracassamos profissionalmente, quando subitamente não é mais possível ter um relacionamento com nossos próprios filhos. Temos então a impressão de que o chão foi arrancado de baixo de nossos pés, de que não temos mais uma base sólida. Nesse momento, é importante encarar e aceitar a situação de maneira sincera. Ao mesmo tempo, não devemos perder a esperança de que a situação possa se transformar para nós. Mas a questão é: De onde tiramos essa esperança? Quando alguém diz: "Sinto-me sem esperança", não adianta dizer a essa pessoa que tenha esperança numa transformação. A teologia chama a esperança de uma virtude divina. Isso significa que, por um lado, ela é uma dádiva de Deus pela qual devo orar. Por outro lado, a esperança também é uma virtude, uma capacidade que está em mim e que está ligada à minha condição humana. Os latinistas expressam isso dizendo: *"Dum spiro spero"* – "Enquanto respiro, espero". A esperança, portanto, é essencial para o ser humano, assim como a respiração. A palavra alemã *"hoffen"* (ter esperança) vem de *"hüpfen"* (saltar). A esperança, portanto, coloca o ser humano em movimento. Uma virtude precisa ser praticada. Portanto, é nossa tarefa realizar e despertar a esperança que nos é dada com nossa essência humana. Às vezes, também é necessário decidir-se pela esperança. Posso me afundar no pessimismo – ou posso sempre me permitir a autoconfiança. Isso também é uma condição para a transformação. A terapeuta Luise Reddemann, com base em sua experiência com pacientes traumatizados, diz sobre essa autoaceitação: "A confiança no mundo só é possível no longo prazo se nos permitirmos ter confiança em nós mesmos, ou seja, com isso se deve começar. Para mim, isso significa nunca cessar de aceitar-me amavelmente e de forma incondicional".

*Força que nos impulsiona* | Um pai me contou sobre seu filho, que vê tudo com pessimismo. Ele está estudando filosofia, mas sabe que não vale a pena estudar essa disciplina, porque dificilmente encontrará um emprego depois. Ele vê tudo escurecido: não vale a pena casar e ter filhos, porque a mudança climática torna a Terra cada vez menos habitável e dificulta o futuro das pessoas. Sem dúvida, encontramos motivos suficientes para essa visão tão pessimista quando olhamos para a situação política do nosso mundo. Não se trata de fechar os olhos para os problemas. Mas eu também posso escolher a esperança. A esperança não é otimismo ingênuo. Paulo diz: "Mas esperar o que não vemos é aguardá-lo com perseverança" (Rm 8,25). A palavra grega usada aqui é *"hypomone"*, que significa resistência, tenacidade. A esperança nos dá uma base no meio da incerteza do mundo. Para o filósofo Ernst Bloch, a esperança é uma força que impulsiona algo não apenas em nós mesmos, mas também no mundo. Eu não posso obrigar a esperança em mim, mas posso, pelo menos, me questionar: Não posso tentar ver o mundo e minha vida pelas lentes da esperança?

Quando acompanho pessoas que me contam sobre suas profundas feridas de infância, sempre tenho esperança de que suas lágrimas, suas mágoas se transformem. Eu sei que algumas feridas são tão profundas e as pessoas estão tão danificadas que elas têm dificuldade em viver com isso. No entanto, mesmo assim, eu espero que até mesmo o pior nos seres humanos possa se transformar, que a ferida os abra, os inspire a seguir um caminho interior, um caminho espiritual, e que

*Assim é possível o desenvolvimento*

sua própria ferida também os capacite a entender os outros. Se eu acompanhar alguém e permitir em mim a sensação de que é um caso sem esperança, não serei justo com essa pessoa. Para mim, a esperança é uma atitude essencial no trato com as pessoas.

Isso também se aplica aos pais. Quando os filhos se perdem, quando se tornam viciados em drogas ou são assolados pela depressão, é importante não desistir da esperança de que eles encontrem o seu caminho. Os filhos percebem se desistimos deles ou se os tratamos com esperança. A esperança – como diz Paulo – leva à solidez. Não desmoronamos quando o outro desaponta todas as nossas expectativas. Mantemos a esperança, que nos dá um apoio sólido em meio a todas as incertezas, medos e turbulências que a vida pode nos trazer. E a esperança também cria um espaço para o outro se desenvolver.

Ser aberto um para o outro: Crescer no tu

*Tornar-me um ser humano no tu*

Martin Buber enfatizou em seu livro *Eu e tu* que é somente pelo tu que eu chego a mim mesmo. Eu me desdobro no encontro com um tu. Por um lado, isso se refere ao tu na amizade ou parceria. Para Buber, também se refere, por outro, ao tu de Deus. Precisamos do encontro com um tu para nos encontrarmos a nós mesmos, para descobrir nossa verdadeira identidade. E crescemos na relação. Na abertura amistosa e no interesse pelos outros, nós adquirimos um conhecimento cada vez maior de nós mesmos. E nos transformamos ao aprendermos uns com os outros outras formas de interação. Nós diluímos nossas habituais e estagnadas maneiras de agir, de modo que encontramos cada vez mais a nossa verdadeira pessoa e abandonamos os papéis que frequentemente desempenhamos.

O terapeuta de casais Jürg Willi descreve em seu livro *Coevolução: A arte do crescimento conjunto* que, num relacionamento, não se trata de apenas satisfazer as necessidades mútuas, mas sim de um crescimento conjunto, de crescer com o outro e junto ao outro. O objetivo não é que os parceiros se ajustem um ao outro. Para Jürg Willi, a "evolução" surge da tensão de "não compreender plenamente um ao outro e não corresponder plenamente um ao outro" (Willi 131). E ele afirma: "Certo grau de estranheza e falta de ajuste mútuo estimula o desenvolvimento e provoca uma busca mútua constante" (131s.). Especialmente a experiência dos limites que percebemos em nós mesmos e no outro pode nos desafiar a crescer, a amadurecer e a encontrar cada vez mais liberdade e amor num relacionamento que não restringe o outro, mas o aceita como ele é.

| *Crescer juntos*

Para São Bento, a comunidade é uma fonte importante de autoconhecimento. É no convívio que reconhecemos nossos próprios aspectos sombrios e, ao mesmo tempo, somos desafiados a trabalhar sobre nós mesmos. Numa comunidade, não é tão fácil se tornar uma pessoa excêntrica ou solitária. Somos constantemente desafiados a trabalhar em nós mesmos. Ao me envolver com os outros, aprendo sobre minhas próprias habilidades, mas também sobre minhas limitações, minhas ideias fixas e hábitos arraigados. O encontro diário com os

| *O encontro me faz crescer*

outros me mantém vivo e me faz crescer. Assim, numa comunidade onde os membros convivem por muito tempo – seja um mosteiro, seja uma família –, eles passam por uma transformação constante. O objetivo da transformação não é que eles se ajustem uns aos outros, mas que cada um se torne plenamente ele próprio no convívio – justamente a pessoa única que Deus tal como Deus criou.

Recuo: Pausar e buscar o silêncio

*Uma pausa na correria*

O ritmo do mundo está cada vez mais acelerado, e se torna cada vez maior a voragem pela qual essa velocidade forçada pela tecnologia afeta nossa vida. No entanto, a vida humana também precisa se reconectar com a natureza, precisa de um senso de aterramento, precisa de tranquilidade e de um "fôlego longo". Assim como uma árvore precisa de uma base sólida para crescer, o mesmo acontece com o ser humano. Se ele apenas se deixa levar e se absorve em atividades externas, então não encontra um lugar onde possa crescer internamente. Jesus descreveu isso em sua parábola do semeador, que semeia sua semente. A semente não pode germinar se cai no caminho pisoteado por atividades incessantes. Se cai entre os espinhos, em nossas preocupações e medos em torno dos quais não cessamos de girar, a semente é sufocada. Ela precisa de solo fértil. Então, a semente germinará, e o fruto crescerá. Quando nos detemos, oferecemos à semente um solo fértil. A palavra alemã *"innehalten"* (parar, fazer uma pausa) tem um significado simbólico profundo: fazemos uma pausa em nossa correria. Nós nos voltamos para dentro (*nach innen*) no intuito de encontrar dentro de nós as atitudes que nos dão amparo em nossa vida. Deter-se significa interromper a jornada constante e simplesmente ficar parado uma vez. Essa é a condição para um silêncio fecundo.

| *O valor nutritivo do silêncio*

"*Stille*" (silêncio) vem de "*stellen*" (pôr e parar algo). Eu fico parado. Também dizemos que a mãe acalma (*stillt*) seu filho com amamentação. Quando nos silenciamos, somos acalmados, somos nutridos. Entramos em contato com a riqueza de nossa alma. E quando paramos e nos acalmamos, algo pode se elevar e crescer dentro de nós. A aceleração constante impede o crescimento.

Max Frisch expressou isso em seu livro *Homo faber*. Hanna analisa o comportamento do técnico Walter, que, está tão ocupado em se movimentar, que é incapaz de ter um relacionamento real com uma mulher; no final das contas, ele também não tem um bom relacionamento com as coisas. Ela acredita que a tecnologia é o "truque para eliminar do mundo o mundo como resistência, diluindo-o, por exemplo, por meio da velocidade, para que não precisemos vivenciá-lo" (Frisch 211). Para Max Frisch, a constante busca de movimento é uma

| *Crescer em contato com a base da alma*

fuga da verdadeira vivência do mundo. Mas sem vivência, não vivemos. Apenas funcionamos. Mas nada cresce dentro de nós. Nada floresce em nós. Portanto, precisamos do momento da pausa como interrupção da aceleração.

Sem o silêncio, não entramos em contato com a base de nossa alma. O verdadeiro fruto em nós cresce a partir dessa base. Aquele que nunca chega à sua base ficará sempre suspenso no ar. No entanto, uma semente não pode brotar no ar. Precisamos da base de nossa alma para que nossa pessoa possa crescer, para que nosso verdadeiro eu se desenvolva. O silêncio que nos conduz à base da alma possui leis diferentes da constante aceleração. O termo *Stille* (silêncio) deriva de *stellen*: colocar-se num lugar, permanecer parado, ser conscientemente lento, nutrir e fortalecer a vida em vez de "diluí-la" mediante aceleração. A planta precisa ser plantada num local. E não podemos acelerar seu crescimento. É necessário paciência, tempo e disposição para deixá-la crescer. Não podemos ficar constantemente mexendo nela. Nós a deixamos em paz, para que ela possa crescer. E da mesma forma, também precisamos ter a capacidade de permitir que o crescimento e amadurecimento aconteçam em nós.

*Firmeza interior* |

## Procurar consolo e oferecer consolo

*Trost* (consolo), em seu radical, significa propriamente "firmeza interna". Está relacionado com *"treu"* (fiel), que significa "ser firme como uma árvore". Na tristeza, buscamos consolo. Buscamos alguém que se coloque ao nosso lado e permaneça firme como uma árvore, mesmo quando estamos nos queixando e lastimando. Essa pessoa não nos dá sermões, apenas nos ouve. Ela tolera nosso desespero sem nos tranquilizar com palavras piedosas ou minimizar nossa dor: dizendo que tudo vai passar, que a situação não é tão ruim assim. Esse tipo de consolo, que promete que tudo vai mudar e passar, que o tempo cura todas as feridas, não permite transformação e nos afunda ainda mais na tristeza. Quando não encontramos apoio em nós mesmos durante a tristeza, quando o chão é arrancado de baixo de nossos pés, ansiamos por um consolo genuíno, uma pessoa com base sólida, que não desmorone em face de nossa instabilidade, em quem possamos nos apoiar sem que ela recue diante de nossa dor ou de nossas queixas.

O consolo só pode ser dado por quem está cheio de esperança de que a pessoa desconsolada voltará a encontrar o chão sob seus pés e de que seu pesar pode se transformar. Com frequência, aquele que está preso no sofrimento não sente esperança dentro de si. E não o ajuda o fato de eu tentar lhe transmitir uma esperança vaga de que a dor logo irá embora. A verdadeira esperança é diferente. Só posso oferecer consolo ao outro se eu mesmo tiver a esperança de que o desconsolado superará seu luto, que sua dor se transformará numa nova vitalidade.

*Como cresce a nova esperança*

Quando estou em luto, procuro alguém que me console. Mas é minha responsabilidade também buscar consolo dentro de mim mesmo. Se perdi uma pessoa querida, posso tentar olhar para o falecido através da lente da gratidão. Não estou reprimindo a dor, mas deixo de me fixar nela e tento conscientemente olhar com gratidão para a pessoa falecida. A gratidão pode transformar meu luto. A situação é diferente quando lamento que meu futuro tenha sido obscurecido por um acidente, porque sofri um dano permanente. Aqui não devo saltar a dor e o luto. Posso rebelar-me contra eles, queixar-me e lastimar a respeito disso. Mas em algum momento será minha responsabilidade aceitar que minha vida está agora desordenada. Então posso refletir sobre o sentido que eu poderia dar à minha vida agora. E posso tentar atravessar a dor para chegar à base de minha alma. Lá, na base de minha alma, está o meu eu intocado. Esse eu não pode se desintegrar. Eu imagino então que minhas concepções sobre a vida se desintegraram. Isso dói muito. Mas a desintegração pode também se tornar uma abertura. Eu me abro para o meu verdadeiro si-mesmo. E então cresce em mim a vontade: eu quero viver. Não vou desistir. Vou tirar o melhor disso. Então, a desesperança se transforma em esperança.

Não são apenas as pessoas que podem se tornar um consolo para mim. Posso encontrar consolo também no encontro com a beleza da natureza, com a beleza de uma pintura de Fra Angelico ou Martin Schongauer. E posso experimentar consolo na música, por exemplo, quando ouço as primeiras palavras do *Messias*, de Georg Friedrich Händel: "Consola-te, meu povo, diz o teu Deus". Ser consolado e ter a alma mudada não são coisas possíveis apenas por meio da estética, da observação e audição, da percepção da diversidade, da ordem e da harmonia presentes nas obras criadas por outras pessoas ou na natureza. Há também a beleza de um ato de ajuda, como Heinrich Böll descreveu: "É belo saciar uma criança faminta, enxugar suas lágrimas, assoar seu nariz, é belo curar um doente... A justiça também é bela, e ela tem sua poesia quando é praticada". Sentimo-nos consolados quando entramos em contato com o que está vivo ou quando despertamos vida em outra pessoa. E experimentamos consolo quando nos sentimos conectados a uma realidade que nos transcende, quando transcendemos este mundo e participamos de algo maior do que nós mesmos.

## Processar o que é doentio

Sócrates entendia sua filosofia e seu acompanhamento das pessoas como uma arte de parteira. Ele ajudava as pessoas a obterem uma nova compreensão da vida. Nesse processo, ele não impunha nada a elas, mas as guiava por meio de perguntas para que pudessem confiar em seus próprios conhecimentos. Todo acompanhamento terapêutico pretende ajudar pessoas em situações de vida difíceis ou doentias, ajudá-las a entrar em contato com suas próprias fontes de poder de cura. Em alguns conflitos e situações de vida especiais, precisamos do acompanhamento de um terapeuta experiente e profissional. Quando as pessoas sofrem com inquietude ou ansiedade, quando suas vidas são afetadas por padrões de comportamento como perfeccionismo, hipersensibilidade, pela pressão de sempre buscar a culpa em si mesmas, ou por comportamentos compulsivos, elas frequentemente buscam esse tipo de acompanhamento terapêutico. Aqui, é claro, não é possível apresentar em detalhes os diferentes cami-

*Arte da parteira: acompanhamento terapêutico*

nhos terapêuticos. A terapia comportamental, por exemplo, parte do entendimento de que nosso comportamento depende de padrões e atitudes internos. Quando aprendemos a olhar de maneira diferente para os problemas do cotidiano, o comportamento muda – e, assim, uma transformação da pessoa também se torna possível. A psicologia profunda tenta reconhecer as causas de nossos problemas em experiências e feridas da infância. Ela trabalha nas raízes biográficas das limitações atuais.

Hoje em dia, a maioria dos terapeutas combina as experiências de diferentes escolas. Eles reconhecem que mais importante do que todos os métodos é o encontro com o cliente. Na relação terapêutica aberta e honesta entre terapeuta e cliente, algo pode se transformar. O relacionamento sincero e empático é a condição essencial para que o cliente possa se curar.

Em todas as orientações terapêuticas, trata-se de examinar cuidadosamente o que me impede de viver, de examinar a fundo e questionar as causas e, em seguida, processar os padrões de vida e emoções doentios. É precisamente com esse trabalho de processamento que a transformação pode ocorrer. O psicanalista e psicólogo clínico Albert Görres descreveu essa transformação de maneira impressionante em seu livro sobre o mal. Ele diz de si mesmo: "Creio ter visto que as pessoas que passam por esse grande processo de meditação sobre suas próprias vidas se tornam mais pacíficas, mais amorosas e mais prontas para empatia" (Görres 130). A transformação dos sentimentos ocorre quando a raiva ou o ódio são consciente-

*Luz no fim do túnel*

mente permitidos e expressos simbolicamente: "Inesperadamente, muitas vezes entre lágrimas, ela (a raiva) se transforma em sentimentos amorosos em relação à pessoa a quem era dirigida" (Görres 133). A esse processo de transformação Görres dá o nome "princípio do túnel": "Há claridade novamente quando se tem coragem de adentrar a escuridão mais profunda" (Görres 140). Quando nos arriscamos a entrar no ódio, na raiva, na vingança, no ciúme e na inveja, o ódio muitas vezes se transforma em amor.

Todo terapeuta sabe que, num processo terapêutico, a transformação requer tempo. Quando a colaboração confiante entre terapeuta e cliente produz uma atmosfera de abertura, pode acontecer que um sonho traga repentinamente a transformação. Ou então uma compreensão surge de repente em nós, mudando nosso modo de ver, transformando-nos como seres humanos. Devemos ser gratos por essas transformações. Mas ao mesmo tempo, é preciso ter humildade para admitir que não podemos garantir a transformação duradoura. Pode haver retrocessos. No entanto, devemos ter confiança de que, ao avançar e enfrentar os retrocessos, a transformação ocorrerá gradualmente. É como uma espiral que se eleva apenas com lentidão. Às vezes, temos a sensação de estar presos ou até mesmo regredindo. No entanto, aqueles que enfrentam ambas as experiências acabarão percebendo em algum momento: algo mudou dentro de mim. Eu me tornei mais eu mesmo. Não interpreto mais os antigos papéis. Não caio mais nos antigos padrões. Tornei-me mais livre, autêntico, sereno e esperançoso.

| *Sair dos velhos papéis*

## Experiência de Deus e individuação

*Exercícios Espirituais: para que o novo em nós venha ao mundo com êxito*

Vimos que o nascimento de uma criança também é um símbolo para muitos novos começos que experimentamos ao longo da vida. Estamos sempre passando por "partos difíceis". No entanto, a experiência de um novo nascimento não é uma garantia de que tudo continuará bem. Pode ser necessário proteger cuidadosamente o elemento novo em nós para que ele não volte a morrer. Além disso, o nascimento da nova vida em nós não é definitivo. Podemos ter experiências de renascimento várias vezes, especialmente em períodos de transição. Nesses momentos, é útil ter um bom companheiro ou uma companheira experiente: como uma parteira, por assim dizer, alguém que nos ajude a trazer o novo em nós ao mundo de maneira exitosa. Todas as grandes tradições espirituais conhecem esses caminhos conscientes de transformação da vida e também a instituição de guias experientes nessa jornada. No contexto cristão, muitos passam pela experiência de que os Exercícios, como práticas espirituais intensas além do cotidiano, podem ser um desses caminhos.

*Um triplo caminho de transformação*

No entendimento da tradição espiritual, a prática da ascese, o jejum, a renúncia, a oração e os rituais contribuíram para a transformação do ser humano. No entanto, também os Exercícios clássicos, que a tradição espiritual cristã produziu e moldou, podem ser compreendidos e praticados como um caminho de transformação. Os Exercícios beneditinos, por exemplo, como descritos por García de Cisneros, o Abade de Montserrat, no início do século XVI, delineiam um triplo caminho de transformação: o caminho da purificação, o caminho da iluminação e o caminho da união. É um caminho místico na crescente experiência de Deus, mas também é um caminho de individuação humana. Mesmo que não sigamos necessariamente o esquema beneditino do triplo caminho, qualquer tipo de Exercícios Espirituais pode promover transformações no ser humano. Muitos que participam dos Exercícios têm a sensação de que retornam diferentes para casa, de que algo mudou dentro deles. Independentemente de como percorremos o caminho dos Exercícios Espirituais, sempre depararemos com os temas da purificação, iluminação e união.  | *Purificação*

O caminho da purificação consiste em permitirmos que aflorem em nós todos os pensamentos e sentimentos, todas as paixões e necessidades durante os Exercícios Espirituais. O primeiro passo é aceitar esses sentimentos e paixões sem julgá-los. Só posso moldar aquilo que aceitei. Apenas aquilo que sinceramente reconheço pode ser purificado. A purificação consiste em entregar tudo a Deus por meio da oração. Nos Exercícios Espirituais, não se trata de recitar quaisquer orações piedosas, mas de converter meus pensamentos e sentimentos em oração ao entregá-los a Deus. Ao fazer isso, ganho distância em relação às minhas emoções. Elas não me dominam mais. Na oração, descubro caminhos para lidar com elas, para me libertar delas.

No caminho da iluminação, tenho confiança de que a luz de Deus penetra em mim e ilumina  | *Iluminação* tudo em meu ser. Novamente, entrego a Deus meus pensamentos e sentimentos, mas imagino que a luz divina ilumina todas as emoções. O Livro de Efésios descreve esse processo da seguinte maneira: "Mas tudo o que é desmascarado é manifestado pela luz, pois tudo o que é manifestado é luz" (Ef 5,13s.). O desmascaramento ocorre quando imagino que a luz de Deus penetra em todos os recessos escuros da minha alma e os ilumina. E a luz de Deus também jorra para os espaços fechados da minha alma e do meu corpo. Assim, tudo em mim é iluminado e se torna luz. Então ocorre aquilo que Jesus descreve no Evangelho de Lucas: "Se, pois, todo o teu corpo é luminoso, não tendo em trevas parte alguma, todo será luminoso, como quando a candeia te alumia com o seu resplendor" (Lc 11,36).

*União* | O caminho da união significa que tudo o que está em mim é elevado à unidade com Deus. Eu me torno uno com Deus. Mas ao me unir com Deus, também me uno comigo mesmo. Tudo o que eu dissociei até agora é elevado à unidade com Deus. Torno-me completamente eu mesmo, um ser humano completo, que é uno não apenas com Deus e consigo mesmo, mas também com todas as pessoas.

Aqueles que experimentam esse triplo caminho sentem-se transformados. No entanto, mesmo que os Exercícios Espirituais não sigam estritamente esse padrão, quem tiver disposição de passar uma semana em silêncio e se entregar ao caminho dos Exercícios emergirá transformado. Alguns sentem essa transformação. Eles dizem: "Os Exercícios me fizeram bem. Sinto-me transformado". Outros não percebem essa transformação. Eles voltam à vida cotidiana. Mas as pessoas com quem se encontram refletem para eles: Você mudou. De repente, você está radiante. Você está mais relaxado, mais tranquilo e mais claro.

Também encontramos em outras religiões algo correspondente ao que a tradição cristã desenvolveu nos Exercícios Espirituais como um caminho de transformação. No Zen-Budismo, há o retiro de vários dias, conhecido como *sesshin*, onde as pessoas ficam alguns dias em silêncio. Várias vezes ao dia, todos se sentam juntos para a meditação silenciosa. O silêncio compartilhado transforma os praticantes. No Islã, existem tradições semelhantes. O caminho da prática da fé sempre tem como objetivo tornar o ser humano cada vez mais permeável a Deus e, assim, transformá-lo. Isso nem sempre é tarefa fácil. | *Efeito*

Alguns têm a impressão de que nada está acontecendo nos exercícios espirituais. Especialmente nos primeiros dias, eles deparam apenas com sua própria inquietação e vazio. Às vezes, é doloroso suportar esse vazio interno. Às vezes, uma transformação ocorre subitamente por meio da meditação de um texto bíblico; às vezes "acontece" durante uma caminhada, quando de repente algo se ilumina e fica claro para a pessoa. E às vezes, mesmo no final, alguns sentem que não foram transformados. Mas depois de alguns dias, percebem: estou reagindo de maneira diferente às pessoas ao meu redor, estou reagindo de forma diferente às críticas. Os exercícios espirituais realmente causaram algum efeito em mim. Ocorreu uma transformação sutil.

## "Transformação" espiritual e nosso cotidiano

*Eucaristia: centro da espiritualidade*

Para os católicos, a Eucaristia está no centro da espiritualidade. Na Eucaristia – como diz a teologia – o pão e o vinho são transformados no corpo e no sangue de Cristo. A teologia tentou expressar isso em termos filosóficos complicados. No entanto, para mim, não importa como entendo isso filosoficamente, mas sim como eu o traduzo para a minha vida. E, nesse sentido, a Eucaristia tem uma relação fundamental também com a minha própria transformação. C.G. Jung escreveu um livro sobre *Símbolos de transformação na missa católica*, em que comparou os ritos da Eucaristia com ritos de outras religiões e culturas e constatou: existe um ato primordial que ocorre em todas as religiões: eu estendo algo a Deus, para que eu o receba de volta transformado por Deus.

Em meus cursos, convido os participantes da Eucaristia a expressarem juntamente comigo, por meio de gestos, dois rituais de transformação. O primeiro ritual de transformação é chamado de ato de penitência. Às vezes, isso parece opressivo para os fiéis. Eles têm a impressão de que devem se sentir pecadores. No entanto, não é disso que se trata. Apenas aquilo que eu estendo a Deus pode ser transformado. Então, convido os participantes a estender as mãos em forma de uma taça para Cristo. Estendemos nossa vida a Ele, com todos os altos e baixos, com todos os desvios e descaminhos, com todas as rupturas, com tudo o que é claro e escuro, sem julgarmos a nossa vida. Ela é como é. Então, dizemos dentro daquilo que oferecemos a Cristo o *Kyrie eleison* – "Senhor, tem piedade" – e deixamos que a amorosa misericórdia de Jesus inunde tudo. Em seguida, nós nos apresentamos, com tudo o que há em nós, à Eucaristia, na confiança de que tudo em nós pode ser transformado.

O ritual que C.G. Jung descreveu de maneira mais detalhada é o ofertório, em que o sacerdote segura no alto a taça com o pão e o cálice com vinho. Convido os participantes a realizarem esses dois gestos juntamente comigo. E então, explico os gestos. | *O ritual do ofertório*

Cinco imagens interpretam o que fazemos. 1. A Bíblia fala do pão do trabalho árduo. Estendemos nossas mãos a Deus na forma de uma taça; estendemos tudo o que nos desgasta e nos tritura, nossas preocupações e medos, e pedimos que Deus transforme o pão do trabalho árduo no pão que desce do céu e nos nutre no caminho pelo deserto de nossa vida. Em seguida, eu despejo vinho no cálice, juntamente com um pouco de água. Convido os participantes a realizarem comigo o gesto do cálice. 2. Imagem: A Bíblia fala do cálice do sofrimento. Estendemos a Deus aquilo pelo que sofremos, mas também o sofrimento das pessoas em que estamos pensando no momento, para que Ele o transforme em cura e redenção. 3. A Bíblia também conhece o cálice da amargura. Às vezes, estamos amargurados porque alguém nos feriu ou nos decepcionou. Estendemos nossa amargura a Deus, para que Ele a transforme em doçura. 4. Os judeus conhecem o cálice do luto. Assim, estendemos nosso luto a Deus, não apenas o luto pela morte de entes queridos, mas também o luto por não sermos tão ideais quanto gostaríamos de ser. E pedimos a Deus que transforme o cálice do luto em um cálice de consolo. 5. O cálice com vinho, misturado com água, representa nosso amor. Ele também é frequentemente misturado com dúvidas em relação aos outros, ciúme, inveja, decepção, feridas, agressividade, reivindicações de posse e expectativas. Apresentamos a Deus esse amor mesclado, para que Ele o transforme em amor puro.

    Sem dúvida, não podemos sentir imediatamente a transformação após um ritual como esse. Mas podemos ter confiança de que, ao realizar conscientemente a Eucaristia, ela nos transforma cada vez mais. A transformação não ocorre apenas por meio de rituais, mas também de palavras. Peter Handke acredita que o simples ato de contar histórias já tem um poder transformador. Ao contar histórias, ele deseja transformar a realidade ou, melhor dizendo, fazer que a essência da realidade brilhe. Certa vez, quando participou de um culto na Igreja Ortodoxa Oriental e o sacerdote, de acordo com sua percepção, "enunciou ritos de invocação", ele percebeu que no culto católico a narrativa pura era suficiente para a transformação: "Essa transformação apenas pela narrativa ficou mais próxima de mim". Gustav Seibt expressou isso numa resenha dos romances de Martin Mosebach, que se declara católico: "A descrição da realidade em palavras pertence às transformações em algo espiritual, que sempre corresponde à transformação da missa". Portanto, os poetas têm claramente uma sensibilidade para o poder transformador das palavras, mas também dos rituais. Às vezes, uma palavra nos impacta e nos sentimos diferentes. As palavras podem transformar o terreno em algo espiritual.

*Narrativas que transformam*

Não apenas a narrativa da Última Ceia, quando Jesus tomou o pão em suas mãos, mas também as muitas outras histórias nos Evangelhos podem transformar nossa vida. Mesmo que nem sempre compreendamos as palavras da Bíblia, elas têm um efeito profundo por nos permitir enxergar a realidade de uma perspectiva diferente. Muitas vezes, as palavras da leitura ou do Evangelho não nos causam impacto. Mas quando as ouvimos atentamente, podemos imaginar: Se essas palavras são verdadeiras, quem eu sou então, como me sinto, como me percebo? Apenas essa imaginação pode desencadear uma transformação interna. Algumas palavras da Eucaristia podem parecer estranhas para nós. Isso se aplica principalmente às orações já prontas, como o cânon da missa ou o credo. Parecem palavras que não têm nada a ver com nossa vida. No entanto, se as tomarmos como imagens que nos abrem a janela para o mistério, poderemos experimentar seu poder transformador. Elas transformam nosso olhar, de tal modo que pressinto em todas as coisas o mistério que nos rodeia, e o mistério da minha própria existência brilha cada vez mais para mim.

Imagens arquetípicas – Potenciais de transformação

C.G. Jung certa vez chamou o Ano Ltúrgico de sistema terapêutico. Segundo ele, nas festas do Ano Litúrgico, temos contato com imagens arquetípicas que têm um poder transformador. Elas nos conectam ao inconsciente coletivo, em que, segundo Jung, residem forças curativas. Aqueles que estão

*O Ano Litúrgico como sistema terapêutico*

apartados da riqueza do inconsciente coletivo vivem de forma unilateral e se tornam estagnados. As imagens arquetípicas nos centralizam em nosso verdadeiro eu.

As imagens das festas que celebramos no Ano Litúrgico representam a diversidade da vida humana. Não há apenas um caminho que conduz ao nosso interior. Precisamos de muitas imagens para descobrir e viver a riqueza interior de nossa alma. Essas festas não nos revelam um mundo perfeito. Pelo contrário, elas também mostram estágios dolorosos em nosso caminho de transformação interna. A tradição cristã sempre viu o que acontece na natureza como um símbolo de nossa vida espiritual. As imagens do Ano Litúrgico começam com o *"descendit"*, com a descida de Deus no ser humano Jesus. Deus desce até nós para que encontremos coragem para mergulhar nas profundezas de nossa alma, até mesmo no reino escuro das sombras de nossa alma, para que tudo em nós seja iluminado pela luz de Deus.

A Igreja fixou o tempo do Advento na transição do outono para o inverno, quando conscientemente nos aquietamos e esperamos por aquilo que cumpre nosso desejo mais profundo. E ela colocou a festa de Natal no período mais sombrio do ano, como um símbolo de que a luz interior dissipa toda escuridão e de que o amor emanado do divino Menino no presépio aquece o coração que se tornou frio.

*A descida de Deus ao mundo humano*

A descida de Deus ao nosso mundo humano é cada vez mais desdobrada na primeira metade do Ano Litúrgico. A glória de Deus desce ao estábulo no divino Menino, desce a todos os cantos desarrumados e malcheirosos de nossa alma. Em seguida, desce até as águas do Jordão no Batismo de Jesus. Os Padres da Igreja interpretam as águas do Jordão como o reino dos demônios. Os demônios habitam nas profundezas da água e, às vezes, nos oprimem a partir das profundezas de nossa alma. Quando Jesus desce até eles, eles são transformados, não são mais hostis conosco, mas nos dão algo de sua força, para que nosso caminho seja bem-sucedido.

A descida culmina na Paixão de Jesus. Ele então desce à dor humana, à impotência humana e ao sofrimento. E então – como diz o Credo Apostólico – Ele desce ao inferno, ao reino da morte. Na representação dos ícones gregos, Jesus vai até os mortos, toma-os pela mão e os conduz para cima em direção da luz. Isso é uma imagem de que Jesus, por meio de sua morte e ressurreição, preenche com seu amor e desperta para a vida tudo o que está morto e estagnado.

No Ano Litúrgico, celebramos a Paixão de Jesus como um símbolo de que também nossa jornada através do sofrimento, da escuridão e da impotência nos leva à vida. Não apenas o jejum, mas também o ano cíclico e a estação da primavera preparam a terra para a Páscoa. Uma festa no início da primavera expressa essa transformação: a Solenidade da Anunciação do Senhor em 25 de março. Os romanos celebravam nesse dia a festa da semeadura. Os cristãos tomaram isso como imagem: Maria acolhe a Palavra de Deus em seu seio, e a semente divina gera nela uma nova vida, uma imagem da nova vida em Cristo que deseja se manifestar em nós.

*Subida – à unidade com Deus*

Com a festa da Páscoa, a Igreja deu um novo significado a essa florescência: em nós floresce a vida de Cristo, que é mais forte do que a morte. E ela associou essa florescência a Maria. Maio é dedicado à Maria. Nas devoções de maio, que são realizadas ao ar livre, a beleza das flores é ligada à beleza de Maria, como um convite para percebermos nossa própria beleza. Cada pessoa é bela quando se olha para si mesma com amor. Assim, maio nos convida a olhar com amor para nós mesmos e para as pessoas ao nosso redor. Então, descobrimos nossa própria beleza e a delas.

A ressurreição dá início à mudança da descida para a ascensão. Jesus se ergue. Ele se levanta para dar vida a tudo em nós. Ele nos encoraja a nos levantarmos do túmulo de nosso medo, do túmulo de nossa resignação, para seguir em frente em nosso caminho com cabeça erguida. A subida culmina na Ascensão. No Credo, diz-se: *"Ascendit in coelum et sedet ad dexteram Patris"* – "Ele subiu ao céu e está sentado à direita do Pai". O objetivo de nossa vida é ascender com Cristo ao céu e, desde já, estar sentado à direita do Pai. É um objetivo místico: estar sentado ao lado do Pai é uma imagem de repouso. Em Deus, encontramos repouso. Podemos desfrutar da proximidade curativa de Deus e nos unir com Ele.

Para Jung, todas essas imagens têm um efeito de cura na alma humana. A transformação do ser humano necessitado de redenção em um ser humano redimido acontece continuamente a cada ano, para que a redenção e a cura, a libertação e a iluminação nos penetrem cada vez mais e nos tornem cada vez mais aquilo que Deus sonhou para nós em Jesus Cristo.

# *Posfácio*

## *Transformação: Pedras de tropeço se tornam pedras de construção*

Não é apenas em situações de crise que percebemos que não temos total controle sobre nossa vida. Não podemos planejá-la como uma viagem de férias. Nossos planos, por mais seguros que pareçam, são constantemente frustrados. Mas a questão é: Nós nos sentimos apenas vítimas do que nos acontece? Ou reagimos de forma ativa e criativa? Também depende de nós mesmos se seremos desviados ou bloqueados internamente pelos eventos externos – ou se os aceitaremos e tentaremos tirar o melhor deles. Podemos amadurecer e crescer especialmente por meio de experiências dolorosas. Então, as pedras que o destino põe em nosso caminho deixam de ser obstáculos para se tornar pedras com as quais construímos a casa de nossa vida.

Essa transformação acontece em nós. Como cristãos, dizemos: "Deus nos transforma". Mas o paradoxo é que Ele nos transforma por meio de ocorrências externas, muitas vezes por meio de experiências dolorosas, como o rompimento de relacionamentos, doenças, a morte de um ente querido, trevas espirituais.

Neste livro, a mensagem central sobre o objetivo da transformação é: tornar-me cada vez mais eu mesmo, encontrar cada vez mais minha identidade mais intrínseca, realizar a imagem única que Deus fez de mim. Mas o que isso significa? E como posso alcançar esse objetivo em meio às incertezas da minha vida, em meio às demandas do cotidiano que me monopolizam? Isso não seria pensar de maneira idealista demais?

## O caminho para o verdadeiro eu – em contato com o ser

A dificuldade reside no fato de que não podemos descrever o verdadeiro eu original, a imagem única de Deus em nós. Ela não tem nada a ver com uma ideia normativa de como devemos ser, ou com os mandamentos que devemos seguir. Não formula um objetivo concreto, mas expressa, antes de tudo, o nosso verdadeiro ser. O caminho espiritual não pretende nos dizer principalmente o que devemos fazer, mas sim o que somos. Quando digo que já somos a imagem única que Deus fez de cada um de nós, isso também significa: essa imagem está além da nossa imaginação. Só podemos pressenti-la. Quando nos sentamos silenciosamente e sentimos que estamos em paz interiormente, em harmonia conosco mesmos, quando tudo parece se encaixar, podemos então ter confiança de que estamos nos aproximando desse verdadeiro eu. No entanto, essa busca do verdadeiro eu dura toda a nossa vida. Somente na morte ele brilhará em sua clareza pela luz de Deus. Às vezes, é somente após nossa morte que outras pessoas reconhecem quem realmente éramos e somos, qual mensagem queríamos transmitir com a nossa vida. Quando em silêncio ouvimos a nós mesmos interiormente e imaginamos que somos totalmente nós mesmos, que estamos totalmente em nosso centro, em contato com a imagem original, não adulterada e não distorcida de Deus em nós, então vivenciamos as atitudes abordadas no título deste livro.

## Autêntico e sereno

Quando encontramos nosso verdadeiro eu, então somos autênticos. Autêntico vem de *"autos"* – si próprio. Originalmente, significa "aquele que realiza por si mesmo". O termo frequentemente se refere também ao texto original em oposição à cópia. Somos autênticos quando estamos em harmonia com nosso verdadeiro eu, quando não fingimos ou representamos algo para os outros, quando não imitamos os outros, mas somos como corresponde à nossa essência pessoal. Assim, realizamos a imagem primordial de Deus em nós. Quando sou autêntico, não me dobro, não penso em como agradar aos outros. Eu sou simplesmente eu mesmo. Autenticidade não significa que eu aceito de modo absoluto meus sentimentos atuais. Uma compreensão desse tipo muitas vezes leva à rigidez ou até mesmo à tirania nos relacionamentos. Quando sou autêntico, quando sou completamente eu mesmo, em harmonia comigo mesmo, então estou completamente livre para me envolver com outras pessoas e também com situações que eu mesmo não teria escolhido.

Aquele que desesperadamente quer ser ele mesmo, que constantemente trabalha em sua auto-otimização, não dá a impressão de ser uma pessoa tranquila. Eu me torno tranquilo quando deixo de lado meu ego. C.G. Jung faz uma distinção entre o ego e o si-mesmo. O ego sempre quer impressionar, está sempre inquieto, é dominado por desejos e necessidades egoístas, que o ego quer realizar a todo custo. Aquele que deseja alcançar o seu si-mesmo deve, de acordo com Jung, deixar de lado o seu ego. Quando ele repousa em seu si-mesmo, então ele está tranquilo. Ele não se deixa definir pelas expectativas e desejos dos outros, mas está completamente em si próprio, e pode observar tranquilamente os desejos e reações dos outros. Ele não luta contra isso. Mas ele também não se deixa determinar por isso. Ele simplesmente os percebe, sem lhes conceder poder. E ele se aceita como é, na confiança de que, nessa aceitação, ele cresce para assumir a forma que lhe é apropriada.

Transformação, esperança e confiança

Para mim, o tema da transformação também está ligado ao tema da esperança. Podemos ter esperança de que tudo em nós pode ser transformado, de que nossa família, empresa ou a sociedade como um todo podem se transformar beneficamente. A esperança não fecha os olhos para minhas próprias feridas ou para o estado de dilaceração do mundo ao meu redor. A esperança tem confiança de que Deus – como a Bíblia expressa repetidamente em belas imagens – transforma o deserto em terra fértil. Ele nos promete: "Porque derramarei água sobre o sedento e rios, sobre a terra seca" (Is 44,3).

A esperança de transformação não se aplica apenas ao futuro, mas também ao passado. Quando chega a noite, muitas pessoas se repreendem a si mesmas pelo que deveriam ter feito e como deveriam ter se comportado. Mas o dia já acabou. Não posso mais mudá-lo. No entanto, Deus pode transformar em bênção aquela conversa que não foi conduzida da melhor maneira. Ele pode transformar as palavras que eu preferiria não ter dito em palavras abençoadas e também tornar aquilo que eu gostaria de ter dito, mas não disse, uma bênção para a pessoa com quem conversei.

A esperança de transformação me liberta da pressão de precisar mudar tudo em mim e ao meu redor. Embora eu possa contribuir para criar condições externas que possibilitem uma transformação positiva, a transformação em si não é obra minha, nem é consequência automática de minhas ações. Ela acontece. Ou como nós cristãos dizemos: "é obra da graça de Deus".

Ele opera a transformação em mim por meio de sua Palavra, de seu Espírito e seu amor. E ele realiza a transformação em mim porque somente Ele conhece minha verdadeira essência e, por isso, me transforma na forma que corresponde ao meu ser. Às vezes, nossa essência não corresponde às nossas concepções e desejos. Gostaríamos de ser diferentes. Mas podemos ter a confiança de que Deus nos transforma de uma maneira que se tornará uma bênção para nós. Mesmo quando, olhando para trás em nossa vida, achamos que poderíamos ter evitado alguns desvios e caminhos errôneos, esses caminhos ainda são significativos para nossa transformação. Deus nos transforma não apenas por meio de situações curativas, mas especialmente por meio de experiências caóticas. Não é à toa que o símbolo mais claro da transformação se encontra na cruz e na ressurreição de Jesus. De semelhante modo, nossa transformação muitas vezes ocorre por meio da experiência de que nossos planos e caminhos são frustrados, de que nos deparamos com sofrimento e nos sentimos impotentes. Mas em tudo isso, temos esperança naquilo que não vemos, na forma única em que Deus deseja nos transformar.

# *Referências*

DOMIN, H. *Der Baum blüht trotzdem* – Gedichte. Frankfurt am Main: S. Fischer, 1999.

EPICTETO. *Handbüchlein der Moral und Unterredungen*, ed. Heinrich Schmidt. Stuttgart, 1966.

FRISCH, M. *Homo faber*. Frankfurt, 1969.

GOES, A. *Gedichte*. Frankfurt am Main: S. Fischer, 2008.

GÖRRES, A.; RAHNER, K. *Das Böse* – Wege zu seiner Bewältigung in Psychotherapie und Christentum. Freiburg, 1982.

GRÜN, A. *Gelassenheit* – Vom Glück des *Älterwerdens*. Freiburg, 2021.

GRÜN, A. *Was gutes Leben ist* – Orientierung in herausfordernden Zeiten. Freiburg, 2020.

GRÜN, A. *Weisheit aus der Wüste* – 52 Mönchsgeschichten vom guten Leben. Freiburg, 2015.

GRÜN, A.; KARIMI, M. *Im Herzen der Spiritualität* – Wie sich Muslime und Christen begegnen können. Freiburg, 2019.

JUNG, C.G. *Symbole der Wandlung*. 2. ed. Olten, 1977.

JUNG, C.G. *Briefe III: 1956–1961*. Olten, 1973.

KAFKA, F. *Sämtliche Erzählungen*. Frankfurt am Main, 1970.

MARQUARD, O. *Endlichkeitsphilosophisches – Über* das Altern. 2. ed. Ditzingen, 2021.

RILKE, R.M. *Werke I –* Gedichte. Erster Teil. Frankfurt a. M., 1987.

VV. AA. *Weisung der Väter – Apophthegmata Patrum*. Freiburg, 1965.

WARDETZKI, B. *Loslassen und dranbleiben –* Wie wir Veränderungen mutig begegnen. Munique, 2019.

WILLI, J. *Koevolution –* Die Kunst des gemeinsamen Wachsens. Reinbek, 1985.

YALOM, I.D. *Liebe, Hoffnung und Psychotherapie –* Das große Yalom-Lesebuch. Munique, 2004.

Conecte-se conosco:

facebook.com/editoravozes

@editoravozes

@editora_vozes

youtube.com/editoravozes

+55 24 2233-9033

www.vozes.com.br

Conheça nossas lojas:

www.livrariavozes.com.br

Belo Horizonte – Brasília – Campinas – Cuiabá – Curitiba
Fortaleza – Juiz de Fora – Petrópolis – Recife – São Paulo

    Vozes de Bolso

EDITORA VOZES LTDA.
Rua Frei Luís, 100 – Centro – Cep 25689-900 – Petrópolis, RJ
Tel.: (24) 2233-9000 – E-mail: vendas@vozes.com.br